饒宗頤香港史論集

饒宗頤 著

鄭煒明 編

U0063870

中華書局

□ 責任編輯：阿 桶
□ 裝幀設計：高 林
□ 排　版：賴艷萍
□ 印　務：林佳年

饒宗頤香港史論集

□
著者
饒宗頤

□
編者
鄭煒明

□
出版
中華書局（香港）有限公司
香港北角英皇道 499 號北角工業大廈一樓 B
電話：（852）2137 2338　傳真：（852）2713 8202
電子郵件：info@chunghwabook.com.hk
網址：http://www.chunghwabook.com.hk

□
發行
香港聯合書刊物流有限公司
香港新界大埔汀麗路 36 號
中華商務印刷大廈 3 字樓
電話：（852）2150 2100　傳真：（852）2407 3062
電子郵件：info@suplogistics.com.hk

□
印刷
美雅印刷製本有限公司
香港觀塘榮業街 6 號 海濱工業大廈 4 樓 A 室

□
版次
2019 年 2 月初版
© 2019 中華書局（香港）有限公司

□
規格
16 開（230 mm × 150 mm）

□
ISBN：978-988-8571-14-7

饒宗頤先生的香港史研究略論

一、小引

　　饒宗頤先生一代通人，世稱之為大師。的確，饒先生是於古今中外文史哲藝之學無所不窺的，他曾經耕耘過的領域很多，如上古史、甲骨學、古文字學、簡帛學、敦煌學、悉曇學、圍陀學、宗教史、中外文化交流史、歷史學、方志學、古典文學、藝術史、目錄學等等，皆有著述傳世。[1] 至於本文所要論及的饒先生的香港史研究，其實只佔他全部學術的極小部分而已。但是，我們相信透過探索饒先生香港史研究的歷史學思想、內容和方法等方面的特點，我們仍然可以從小中見大，一窺饒宗頤先生的學術的深奧內涵。

二、開始研究香港史的背景

　　饒宗頤先生研究香港歷史，始於 1958 年冬天。他在其香港史研究的核心專著《九龍與宋季史料》一書的引言中曾經這樣自述：

---

[1] 詳參鄭煒明、胡孝忠編：《饒宗頤教授著作目錄三編》，濟南：齊魯書社，2014。

　　百粵史事，余曩者稍曾究心 …… 於宋帝海上播遷史跡，
妄有著論，十載以來，此調久已不彈 …… 去冬以硇洲問題，
與簡君往覆商榷，文字累萬言。[1]

此書刊行於 1959 年末，文中「去冬」所指應即 1958 年冬
天。至於簡君，乃簡又文先生；饒先生的《九龍與宋季史料》一
書，開卷有簡氏序文。

據簡又文先生序中所述，饒先生曾向簡氏自言「余本無心研
究九龍史跡，自前歲拜讀尊著，始措意及之」云云。[2] 可見饒先生
本來無意去開拓自己旁涉香港史研究這一領域的。

　　原來在二十世紀五十年代時，香港學術界一時南下的文人、
學者雲集，其中包括羅香林先生、簡又文先生、饒宗頤先生、王
世昭先生等等，他們都對香港九龍半島與宋末二帝相關的史料和
史實極感興趣，於是好朋友之間會就這個範疇的學術問題，展開
深入的口頭上的探討，其中又以簡又文和饒宗頤二位先生用力最
深，最終二位先生在 1960 年前後，都正式發表了相關的著作。[3]
簡氏乃饒先生早在抗日戰爭避寇廣西時已結識的好友；羅氏則曾
於抗戰勝利後任廣東省立文理學院院長，乃饒先生的老上司，而
當時在香港大學中文學院又成了同事。總之，簡、羅和饒三位先

---

[1] 饒宗頤：《九龍與宋季史料》，香港：萬有圖書公司，1959，《引言》，2 頁。

[2] 饒宗頤：《九龍與宋季史料》，香港：萬有圖書公司，1959，《簡序》，1 頁。

[3] 簡氏的相關論著，請參考：1. 簡又文主編：《宋皇臺紀念集》，香港趙族宗親總會
刊行，1960；2. 簡又文：《宋末二帝南遷輦路考》，猛進書屋叢書，不著出版年月，
應亦在 1960 年 3 月前後。案：猛進書屋乃簡氏的書齋名號，故此冊乃其自印本。

生一直關係友好而密切，當時是經常切磋琢磨學問的，這一點在簡氏序言和饒先生自己的引言中都有述及，於茲不贅。他們在 1957 年至 1960 年年中這三年多裏，對南宋末與九龍的歷史關係，作了深入的研究，其貢獻在香港史研究這一領域的學術史上，是磨滅不掉的。

還有一個背景是必須一提的，那就是饒先生的家學。饒先生的父親饒鍔先生，也是一位學者，尤其擅長於方志學和地方文獻之學，著有《潮州西湖山志》和《潮州藝文志》等。[1] 饒先生幼承家學，他父親便是他的啟蒙老師，因此他從小就打下了很好的方志學和研究地方史的基礎；少年喪父後，不久便續成了饒鍔先生的遺著《潮州藝文志》，自己又主編了民國版的《潮州志》（其中就曾撰寫過南宋末二帝播遷海上的史事），並著有《潮州叢著初編》等。饒先生在五十年代末起，走進香港史研究這個領域，固然是因為受到朋輩誘發了興趣，但亦可見其學術方面自有根基、淵源和緣命。

三、微言大義的香港史觀

過去許多研究香港史的專家學者，喜歡以鴉片戰爭後清廷向大英帝國割讓香港作為香港歷史的起點，而前於此的會被稱為所

---

[1] 參考鄭煒明、陳玉瑩：《饒鍔先生的潮州方志學初探》，鄭煒明主編：《香港大學饒宗頤學術館十周年館慶同人論文集・饒學卷》，上海：上海古籍出版社，2015，48─68 頁。

謂的香港史前史（prehistory of Hong Kong），儼然有明文記載的香港歷史應該由英國殖民地時期香港說起。此外，他們又會積極地宣揚傳播香港在英人管治前乃一條小小的漁村，又或者是幾乎等同於一塊荒蕪的石地（a barren rock）等等。這種處理方式的歷史書寫，其實是西方列強殖民主義史學最典型的表述，而目的只有一個：他們是想透過這種論述，坐實一個有利於他們的觀點；他們想要預設地證明殖民地政策，在政治上和歷史上都是正確無誤的，而因此這些被殖民的荒涼或彈丸之地，才得以發展起來和有所成就，而這一切一切都是殖民主的功勞。這一個觀點，至今在香港史學術界和現實的香港社會生活中，還是很有市場的。我們在這裏也就不展開了。

饒先生一如許多他那一輩的學者一樣，都是很堅定地恪守中國歷史學家傳統的。他們大多不愛空談甚麼歷史和文化的理論，反而會窮究史料、考證史實，以委婉的文筆隱晦地、若不經意地寫成傳統的史地考據文章，以他們所揭發的更全面的歷史事實，來反駁一些失實偏頗的觀點。下面舉幾個例說明一下：

（一）饒先生在《九龍與宋季史料》卷三《行朝所經九龍半島附近地理考證》和卷四《論官富場原屬海南鹽柵兼論其宋以前之地理沿革》，這兩章裏寫的就是要告訴大家，經過他的考證，香港的九龍半島的官富場即後來的九龍城寨；古瑾即後來的馬頭角村、馬頭圍；淺灣即後來的荃灣；城門即後來的城門村、在城門河之上游；等等。而官富場在宋代乃東莞四大鹽場之一，且在南宋孝宗以前已有，說明了此處已有鹽官治署，屬已有行政管轄的

地方。饒先生又考論大奚山（即大嶼山）在宋淳熙時私鹽大盛，
朝廷屢命廣東官員查禁。[1]

　　（二）饒先生又嘗於《李鄭屋村古墓磚文考釋》一文中指出，
該古墓乃漢墓，其中磚文上有「大吉番禺」、「番禺大治曆」等吉
祥語的文字，可結合《漢書·地理志》所說的漢時番禺亦設有鹽
官，加上明代方志文獻所記，故饒先生論證「自番禺鹽官論之，
九龍一帶，漢時可屬番禺」、「晉以前，其地實屬番禺所轄」。[2]

　　（三）後來饒先生晚年在筆者的協助下，又撰寫了《由磚文談
東漢三國的「番禺」》，據《三國志·吳書·士燮傳》論證了東漢
晚期至三國時代，「番禺作為南海治所⋯⋯當時港九深圳同屬番禺
轄境，為士賜、士燮父子勢力膨脹的時期，或當燮弟武為南海太
守時候⋯⋯是番禺的全盛時期」[3]；明確指出其時李鄭屋村等九龍
一帶屬士氏家族勢力範圍。

　　（四）他又引唐代段成式《酉陽雜俎》續集之最末第二條，指
出其中的「東官郡，漢順帝時屬南海⋯⋯西鄰大海。有長洲，多
桃枝竹，緣岸而生」的「長洲」，「或即今日香港之長洲，亦未可
確知」[4]。

---

[1]　饒宗頤：《九龍與宋季史料》，香港：萬有圖書公司，1959，24—50頁。

[2]　饒宗頤：《選堂集林·史林（下）》，香港：中華書局，1982，1067—1073頁。

[3]　饒宗頤著、鄭煒明整理：《由磚文談東漢三國的「番禺」》，《李鄭屋古墓》，
　　 香港歷史博物館編製，2005，8—15頁。

[4]　饒宗頤著、鄭煒明整理：《由磚文談東漢三國的「番禺」》，《李鄭屋古墓》，
　　 香港歷史博物館編製，2005，9頁。

（五）他在《港、九前代考古雜錄》一文的「八、香港與元明以來之香市」這一節裏，又引《永樂大典》廣字號的資料，論證了欖香，即白木香的種植可追溯至元代；又引屈大均《廣東新語》卷二之中相關記載，指出明代在粵東在東莞的寥步有藥市、花市、珠市和香市等四市。他為此進一步作出了經濟史角度的說明：

> 東莞以香市為輸出大宗，人稱為莞香，每年貿易額值銀錠數萬兩以上。香港之得名，由於其村為運香販香之港口。白木香或名香仔樹，屬於喬木之雙子葉植物，新界大埔、林村、粉嶺各地，舊尚有野生香木遺存。[1]

（六）到了 1997 年 5 月香港回歸祖國在即，因為慶祝回歸，饒先生應約為《中國文物報》寫了篇《香港考古話由來》，很多話他就暢所欲言了：

> 香港在前代是香市貿易的港口，萬曆時郭棐著的《粵大記》書上海圖出現「香港」的名字。元代東莞的白木香價值和銀相等⋯⋯有人說香港原來只是一個漁村，是不符合事實的。[2]

---

[1] 見《饒宗頤二十世紀學術文集》，臺北：新文豐出版股份有限公司，2003，卷六史學（下），1314 頁。

[2] 見《饒宗頤二十世紀學術文集》，臺北：新文豐出版股份有限公司，2003，卷六史學（下），1277 頁。

　　他還在同一篇文章中，指出了在香港南丫島大灣考古出土的牙璋和越南的牙璋應有關係，認為可代表上古中原的禮制文化已傳播遠及南中國海邊裔地區，意義非常重大，論斷「具見漢文化在周秦以前與南海、交阯已有密切之交往為不可否認的事實」。[1]、[2]

　　就根據上引幾條，已可清楚看到饒先生的香港史觀。說來說去他只想忠於史實地指出香港這個地方的歷史源遠流長，在英國於香港建立殖民地之前，早已納入中國歷代政府這樣或那樣的行政編制內，並且有着相當顯著的經濟生產，更是受到歷代中國政府有效管治的。他曾有這樣的一段言簡意賅的結論：

　　　　香港是古代百越地區濱海一港口，英國人未來之前自有經濟價值，鹽業、採珠、香市、陶瓷業都有重要地位……[3]

　　值得我們重視的是，上述這一小段正正好代表了饒宗頤先生那種不同於殖民主義史觀的、微言大義的中華民族的香港史觀。

[1] 見《饒宗頤二十世紀學術文集》，臺北：新文豐出版股份有限公司，2003，卷六史學（下），1278—1279頁。

[2] 同時請參考饒先生有關牙璋與南中國海這方面的兩篇論文：
a.《由牙璋分佈論古史地域擴張問題：南中國及鄰近地區古文化研究國際研討會開幕演講》，見《饒宗頤二十世紀學術文集》，臺北：新文豐出版股份有限公司，2003，卷一史溯，310—314頁。
b.《由牙璋略論漢土傳入越南的遺物》，見《饒宗頤二十世紀學術文集》，臺北：新文豐出版股份有限公司，2003，卷一史溯，315—321頁。

[3] 饒宗頤：《香港考古話由來》，見《饒宗頤二十世紀學術文集》，臺北：新文豐出版股份有限公司，2003，卷六史學（下），1279頁。

縱觀他的香港史研究，他竟對殖民地時期的香港史，連一小段小文章都沒有，筆者認為相當能說明饒先生內心的民族文化的本位立場。

四、書寫的內容和研究方法

饒先生在香港史研究方面，內容從所涉及的時代言，起自上古夏殷，以迄英人殖民統治之前。綜合地看他相關的論著，筆者腦海中浮現的就是一部《香港史綱：從上古至鴉片戰爭前》。

他的香港史研究，或詳或簡地包括了如下內容：

1. 史前岩畫。

2. 殷商時期的南丫島大灣出土的牙璋及所象徵着的中原禮制文化已傳播至南中國海濱海邊裔地區的重大歷史意義。

3. 從李鄭屋村古墓的磚文考釋，論及東漢晚期至三國時期香港屬番禺轄下，再據《三國志·吳書》的相關史料，證明其時正是士氏家族勢力在嶺南最盛之時，今天的香港、深圳一帶，皆受士氏管治。

4. 唐代靈渡山的靈渡寺和南漢時期屯門山的杯渡禪師石像等與杯渡禪師的關係，指出港九佛教史跡，應以此二處為最古。

5. 引北宋《元豐九域志》及《宋會要輯稿》等力證東莞乃古鹽場，而大鵬城附近疊福場及九龍的官富場皆屬東莞的鹽場；又據考古發現宋度宗十年咸淳甲戌，有官富場鹽官嚴益彰於香港北佛堂門為倡建天妃大廟之摩崖石刻，從而論定香港宋以來已是鹽場，頗有經濟價值。

6. 考證唐宋以來中國古籍和海圖中與香港相關的許多地名。饒先生早於抗戰前，已受到顧頡剛先生的賞識，曾受顧先生委託，編成了《古史辨》第八冊（又名《古地辨》）[1]。又曾撰有《楚辭地理考》[2]。他是中國現代學術界歷史地理學的先行者之一。他對香港地名的考釋，除一如其上古地理的考證之外，更有一個特點便是努力從行政編制和制度史的角度，考證並說明了香港在不同朝代和不同時期行政歸屬的沿革，乃至於該地公營的經貿生產等等，這一點又不脫方志學者的本色了。他根據古圖籍方志和其他文獻，考證過的香港地名很多，如杯渡山、屯門山、大奚山、大姨山、大嶼山、大魚山、大步海、官富寨等等數十個，這裏就不一一列舉了。

7. 對南漢、宋、元以來香港歷史上的經濟生產和貿易等，如九龍大埔墟自南漢以來的採珠業及在元朝時其與張弘範之子張珪的關係、宋以來的鹽業、元以來莞香貿易和明以來的陶瓷業，皆有所著墨，可謂非常用心良苦了。

---

[1] 未刊。當時已交付出版社，因抗戰時出版社大火而告終。近年鄭煒明、胡孝忠據該書原已刊的目錄，逐篇鉤沉，重編成書，將於（北京）中華書局出版。

[2] （上海）商務印書館，1946 年 12 月初版。

8. 對南宋末二帝海上行朝曾經過九龍的史料、史事和史跡，有詳細而深入的考究。其中發掘並公佈了不少前人未知見的史料，如陳仲微《二王本末》的幾種元代版本及鄧邦述所藏舊鈔本、鄧光薦《填海錄》佚書、元人黃溍《番禺客語》、宋人徐度《卻掃篇》、黃安濤《高州志》等許多宋元以來文人筆記和方志著作中的相關史料等等（恕不盡錄）；又考證澄清了一些前人如阮元、戴肇辰、陳伯陶等錯誤，並提出若干懸而未決的問題，實在皆有功於學術研究的向前發展。

饒宗頤先生的香港史研究，在方法上很顯而易見的是以傳世文獻史料的鉤沉、彙輯和排比爬梳，以考證為主要的研究手段。他對中國古代文獻的掌握是極其豐富的，可謂已達到驚人的程度，大家要知道他活躍的年代我們還沒有以關鍵詞檢索文獻的「e 考據」法呢。而他對文獻理解和詮釋也是功力極其深厚的。我們可看到他在考證的時候，又會用上傳統文獻學中的目錄、版本、校勘、文字聲韻的訓詁等等傳統國學的方法，尤其留心於各史書同一內容記載中的異文，從中他得出了不少新的心得和見解，例如饒先生曾在著作中引唐代段成式《酉陽雜俎》續集中的「司諫都尉」，指出「司諫」應為「司監」之音誤，而「監」字又為「鹽」字之形訛，實則段氏記載或已在說漢順帝時東官郡（案：即後來東莞）已有「司鹽都尉」這個行政制度中的鹽官，在管治着包括「東有蕪地（案：據《太平環宇記》引《郡國志》，應作「蕪城」），西鄰大海，有長洲」（按：或即香港的長洲）等等在內的各個地方的鹽政。因此，饒先生認為段氏此一記載「和早期香港不無關

係」；[1] 若據唐代段成式此說加以推論，則香港有可能早在公元
125 至 144 年間，已是個附屬於東莞，並歸當時的東官郡司鹽都
尉管治的地區。此外，饒先生同樣很重視考古出土所得的材料，
這正是古史研究中二重證據法的傳統；再加上歷史遺跡的踏勘尋
訪（此屬歷史人類學範疇的田野調查），則已是三重證據法了。饒
先生唯一沒有使用的方法就是西方的歷史文化研究理論。

五、餘論

要公允地評價一位前輩學者，首先應該把他放在學術史上來討論。

饒宗頤先生在香港史這一研究領域裏（一如他在許多其他學
術領域一樣），從來不佔主流或主導的地位，原因或與饒先生恪守
中華民族文化本位、忠於考證所得、力主凡事皆須先求真有關。
但今天我們回頭再看，我們會發現饒先生連在香港史研究這個對
他來說只是一個打遊擊經過的小領域，都有着自己鮮明的性格和
風格。當我們看見他信心十足地、充滿樂趣地以傳統的文獻學和
史學的方法來完成研究的時候，我們已忘了甚麼才算是主流。

老實講，我們所認識的饒先生，是一位學貫中西，對古巴比
倫和印度的文化都很有研究，並且在學術上是主張兼收並蓄的，
態度相當開放的純學者。他在意識型態和現實的物質生活領域是

---

[1] 饒宗頤：《香港考古話由來》，見《饒宗頤二十世紀學術文集》，臺北：新文豐
出版股份有限公司，2003，卷六史學（下），1277 頁。

非常不甚了了的，但我們清楚知道，饒先生的心中永遠橫着一把
秤，這把秤的一端是自古至今皆相對開放的、多元的中華民族文
化的精神，而另一端則是經過公允地研究和書寫的、符合史實的
證據。

　　從饒先生的香港史研究，我們同樣可以窺見並且深切地領會
了他所常常強調的做學問的人必須義無反顧地擁抱寂寞是甚麼意
思了。

鄭煒明、羅慧

2018 年 10 月 19 日

總目錄

饒宗頤先生的香港史研究略論／鄭煒明、羅慧　　　　　　　　　　i

九龍與宋季史料　　　　　　　　　　　　　　　　　　　　　2

簡序　　　　　　　　　　　　　　　　　　　　　　　　　　8

引言　　　　　　　　　　　　　　　　　　　　　　　　　　14

壹　宋元間人所記海上行朝史料評述　　　　　　　　　　　　16

貳　《宋史》、《元經世大典》、《填海錄》、《二王本末》、
　　《厓山集》五種史料所記二帝行蹤撰異　　　　　　　　　26

叁　行朝所經九龍半島附近地理考證　　　　　　　　　　　　41

肆　論官富場原屬海南鹽柵兼論其宋以前之地理沿革　　　　　55

伍　論碙洲非大嶼山　　　　　　　　　　　　　　　　　　　67

陸　論碙洲非大嶼山（續論）　　　　　　　　　　　　　　　90

柒　楊太后家世與九龍楊侯王廟　　　　　　　　　　　　　　99

捌　本文提要　　　　　　　　　　　　　　　　　　　　　　108

　　A SUMMARY OF THE CONTENTS　　　　　　　　　　　110

附錄一　補《宋史》鄧光薦傳　　　　　　　　　　　　　　　114

附錄二　宋季行朝史料摭遺　　　　　　　　　　　　　　　　119

附錄三　元皇慶刊本《二王本末》書後　　　　　127

附錄四　南佛堂門古跡記　　　　　131

跋　　　　　134

補記一　　　　　136

補記二　　　　　138

附圖　　　　　142

香港古跡論叢　　　　　156

九龍古瑾圍上帝古廟遺址闢建公園記　　　　　160

港、九前代考古雜錄　　　　　164

香港考古話由來　　　　　198

李鄭屋村古墓磚文考釋　　　　　202

由磚文談東漢三國的「番禺」　　　　　207

附錄　本書篇章版本　　　　　217

九龍與宋季史料

目　錄

簡序　簡又文　　　　　　　　　　　　　　　　　　　　　　8

引言　　　　　　　　　　　　　　　　　　　　　　　　　14

壹　宋元間人所記海上行朝史料評述　　　　　　　　　　　16

一、《宋史‧二王紀》　　　　　　　　　　　　　　　　　16

二、《元經世大典‧征伐平宋篇》　　　　　　　　　　　　16

三、鄧光薦《填海錄》（據陸秀夫日記而作）、《續宋書》　17

四、陳仲微《廣王衞王本末》　　　　　　　　　　　　　18

五、文天祥《集杜詩》　　　　　　　　　　　　　　　　20

六、周密《二王入閩大略》　　　　　　　　　　　　　　21

七、鄭思肖《心史》　　　　　　　　　　　　　　　　　21

八、龔開《宋陸君實傳》　　　　　　　　　　　　　　　22

九、黃溍《陸丞相傳後敍》（並自注）　　　　　　　　　22

十、吳萊《南海山水人物古跡記》　　　　　　　　　　　24

十一、《昭忠錄》　　　　　　　　　　　　　　　　　　24

十二、姚燧《中書丞李公家廟碑》、《平章政事史公神道碑》　24

十三、李謙《張弘範墓誌銘》　　　　　　　　　　　　　25

貳　《宋史》、《元經世大典》、《填海錄》、《二王本末》、
　　《厓山集》五種史料所記二帝行蹤撰異　　26

　　一、史料比較表　　26

　　二、史料歧點　　31

　　　　（一）《厓山集》雜綴第一、第三、第四各資料而成　　31

　　　　（二）《厓山集》所記，同於《二王本末》，而為他書所無者　　31

　　　　（三）《厓山集》記帝次甲子門，及至廣州州治，日期有矛盾　　31

　　　　（四）《宋史新編》及《東莞志》之誤　　32

　　　　（五）《經世大典》之誤　　33

　　三、論《填海錄》記載之詳確，兼論鄧光薦兩度居廣州事　　33

　　附一　宋季廣州爭奪得失各書所記對照表　　35

　　附二　論雷州陷落時間　　40

叁　行朝所經九龍半島附近地理考證　　41

　　一、梅蔚（未詳所在）　　41

　　二、官富場　　42

　　三、古墱與古塔　　44

　　四、淺灣（以上九龍境內）　　48

　　五、秀山　　49

　　六、井澳　謝女峽　　50

　　七、硇洲及宋王村（以上九龍以外）　　53

肆　論官富場原屬海南鹽柵兼論其宋以前之地理沿革　　55

　　一、官富場在北宋時屬海南鹽柵　　55

附　論大奚山禁私鹽之始　　　　　　　　　　57

二、南宋以前官富場之地理沿革　　　　　　　58

附　古墓碑文「大治曆」試解　　　　　　　　65

伍　論碙洲非大嶼山　　　　　　　　　　　　　67

一、碙洲應在化州證　　　　　　　　　　　　67

二、評陳仲微及吳萊說　　　　　　　　　　　77

三、論《元史・世祖紀》說　　　　　　　　　84

四、碙洲異文考　　　　　　　　　　　　　　86

陸　論碙洲非大嶼山（續論）　　　　　　　　　90

一、論《二王本末》非第一手史料　　　　　　90

二、宋周密明記碙洲在雷州界與鄧光薦所言符合　92

三、評兩碙洲說　　　　　　　　　　　　　　93

四、質疑「碙洲即大嶼山」九證　　　　　　　97

附　論碙洲因產砂而得名　　　　　　　　　　98

柒　楊太后家世與九龍楊侯王廟　　　　　　　　99

一、楊太后家世考　　　　　　　　　　　　　99

二、楊侯王廟　　　　　　　　　　　　　　　104

附　記清末大鵬協副將張玉堂事跡　　　　　　107

捌　本文提要　　　　　　　　　　　　　　　　　108

A SUMMARY OF THE CONTENTS　　　　　110

附錄一　補《宋史》鄧光薦傳　　　　　　　　114

附錄二　宋季行朝史料摭遺　　　　　　　　　119

　　（一）宋周密《二王入閩大略》　　　　　119

　　（二）《元經世大典·征伐平宋篇》注　　120

　　（三）元·黃溍《陸君實傳後敘》　　　　121

　　（四）元·姚燧《中書左丞李公（恆）家廟碑》（節錄）　125

　　（五）前人《平章政事史公（格）神道碑》（節錄）　126

附錄三　元皇慶刊本《二王本末》書後　　　　127

附錄四　南佛堂門古跡記　　　　　　　　　　131

跋　羅香林　　　　　　　　　　　　　　　　134

補記一　　　　　　　　　　　　　　　　　　136

補記二　　　　　　　　　　　　　　　　　　138

附圖　　　　　　　　　　　　　　　　　　　142

九龍與宋季史料

簡序

　　兩年半以前，余撰《宋末二帝南遷輦路考》，曾以初稿示摯友饒教授固庵。饒子閱竟，對於碙洲所在地問題表示異見，謂其應為化州之洲而非廣州之大嶼山，余則堅主在廣而不在化之說，斤斤討論，相持不決。余力請其撰為駁議，引出憑據，發揮所見，藉共商榷，且出以幽默語調，含笑向其挑戰，聲言倘提出充分證據，足以折服拙見者，當懸白旗而向真理投降。蓋彼此治學一本科學精神與方法，虛己從事，至誠相待，同奉真理為至高至尊之標準與鵠的，而不固執私見成見，尤不以意氣用事，妄為口舌之爭也。

　　饒子聞而嘉許此為豁達大度與客觀的治學精神，欣然諾焉。時，王世昭君亦在座，亟鼓掌稱善，並謂此種友誼的、善意的、積極求真的論辯，毋意、必、固、我的研究，足以開文化學術界之風氣，當拭目觀之云。未幾，饒子果以萬言長篇抵余，余亦以長篇答之。自是以後，彼此往復辯論，辭達三萬言，統載余主編之《宋皇臺紀念集》。迨該集付梓，討論結束，而饒子之心靈活動與知識興味，一發難收，繼續發掘史料，虛心研究，卒成《九龍與宋季史料》一書。余初聆此消息，不禁為之愕然驚奇焉。

　　日者，饒子出其新著全稿見示，且曰：「余本無心研究九龍史跡，自前歲拜讀尊著，始措意及之，乃相與為碙州所在地問題作詳盡公允之商討，彼此同意之斷論雖未得，而於搜索古籍中，再得見其他史料多種，不忍捨棄，因彙編為一集，將梓以問世，冀為學術界研究此一時期與地區的歷史之補助焉。君為最初激發此新興味與新努力者，乃有此成果，盍為之序，以明此書撰寫之由來？」余有感於其處己之謙抑，求真之熱誠，與乎治學之勤懇，復欽遲其忠於所忠、信其所信之真學者的精神，遂不辭而接受其稿本以歸。顧余於斯時，別有會心，頓起自私之念，蓋亟欲借助於其新得之史料，以補充或修正個人關於二帝輦路之考證也。

　　在余初時信口沿用「挑戰」成語，原含有挑之激之邀之期之共事論辯以闡明真理之意（照英文 challenge 一字實有此義），冀各能不斷發見新史料，不斷陳出新見解，終有以解決困難問題。今也何幸，因此一激，而得收此意外奇效！新書在手，且喜先睹為快。既窮一周之力，細讀兩遍，深覺其搜羅之廣博，內容之宏富，分析研核之精微，與立論詮釋之新穎，足令後之研究者，坐收參考之便利與啟迪之實益，善莫大焉。余首拜嘉惠，即採摭數條，以作拙著（已印就多時）之補志（一一注明出處與來源），不敢掠美，先行走筆致謝。

　　一般言之，除個人興味所及實收其益之外，余相信此書將必大有貢獻於宋季史事之研究。茲就管見所及，試約為二大範疇以表出之：一曰難得罕見的史料之發見，一曰特殊重要的問題之提出。

　　（一）本書所集之史料中，有幾種是極為難得罕見而由饒子發掘出來公之於眾者，列舉其尤著者如下：

（1）陳仲微之《二王本末》，為治南宋史者所必讀之書，據饒子考出，在元時已刻印兩次，明清至少復有四次。元朝版本，一在仁宗皇慶元年（1312），一在英宗至治三年（1323），從此可證實是書確於元世祖至元十九年（1282）戊午之秋（即文信國就義前數月），由安南貢使攜歸燕京，良以其後三十年及四十一年，即有上言兩版本相繼印行也。抑為難得者，饒子不憚煩而遠從臺灣「中央」圖書館查得有鄧邦述所藏舊鈔本，經照元刻本校勘，已有「碙川屬廣之東莞縣……」句語。凡此二點，固對於余前所斷定者大有助力，而且對於該書內容真偽之判別，亦大有分量，此或非辛勤搜集之饒子意料所及者，然既發見之，且發表之，此其重真理的是非過於私人的利害之大公至誠的精神，不尤足欽佩乎？

（2）饒子於周密（宋末元初）所著之《浩然齋雅談》及《癸辛雜識續集》兩書錄出有關於宋末史事之特載，如：楊亮節殉節於厓山，慈元楊太后之父為楊纘而非楊鎮，碙洲在雷州境界，帝昰御容銳下（即面尖）而眇一目等，均有助於歷史研究。（饒子早經錄示諸條，予曾發表楊亮節死事於 1958 年 12 月 27 日《自由人》，又採用楊纘事以修正拙著《輦路考》，均注明來源，獨碙洲在雷州界一點，仍未置信）

（3）《填海錄》佚書，為鄧光薦遺著所以上進元廷者，此饒子根據另行發見之黃溍一文（詳後）而確定之，而且斷定其內容之大部分是錄自陸秀夫之《海上日記》者。後一點，余雖未敢信為絕對真實，固亦認為大有可能者也。

（4）元人黃溍之《番禺客語》——即《陸丞相傳後敍》一文，《厓山集》（即明人南海張詡所著《厓山志》殘本）嘗數引之，惟原文人所罕睹，甚至阮元之《廣東通志》亦云「未見」。饒子竟以

全文錄出，姑無論其內容如何，吾人今乃得讀，寧非快事？

（5）宋人徐度之《卻掃篇》，說明宋室帝女之改稱為「帝姬」，始於徽宗政和間，但南渡後，高宗即復「公主」之稱，此足證明《趙氏族譜》以南宋沿稱「帝姬」之誤。

（6）黃安濤《高州志》載，有文昌令陳惟中運餉至井澳，將趨碙洲，遇元將劉深來追，張世傑前鋒稍卻，惟中力戰，深卒敗逃。此事，古今人論宋末史事者鮮加注意，今得饒子引出，至可感也。曷言可感？良以其大有利於余主張碙洲在廣之說也。

（7）「碙」、「硇」二字之字形，異文、訓詁，與「碙州」名稱之由來，均經饒子一一舉出，誠發前人所未發者。

（8）宋代官富場——鹽場——之地理及行政制度，與大嶼山禁私鹽事，饒子亦多所表出，茲不贅述。

（9）對於九龍年前新發見之李鄭屋村古墓磚文「大治曆」三字，饒子亦附有嶄新的見解，余於此問題無精細研究，不敢置喙矣。

（10）關於九龍侯王廟之來歷，余在《輋路考》已斷定其非祀帝昺母舅楊亮節者，今再得饒子旁徵博引，另行列舉史料多條，殊堪證實其神確非楊亮節，而昔年陳伯陶所提倡之說，復經此一擊，完全粉碎了。泰山可移，鐵定之案不可動，此又饒子之功歟。

（11）近代研究廣東文獻者，多奉阮元之《廣東通志》為權威，即如戴肇宸之《廣州府志》輒引用之。然細考其內容，亦不無舛訛之處。饒子於此書，揭發其有關九龍史跡之訛誤數條（例如：「司鹽都尉」誤作「司監都尉」。一字之差，又足訂正監本宋書之訛）。自是有補助於將來之修志與研究者。

以上十一條，為本書對史學貢獻之犖犖大端，至在琳琅滿

目、範圍甚廣之史料中，其他特色尚夥，茲弗及。

（二）此書提出有三個半問題，皆與宋末二帝所經地點有關者，殊值得史學界之注意，復為分述如次：

（1）「梅蔚」現在何處，未能確定，此饒子與余之結論相同，但饒子附加一語云：「梅蔚所在地，屬惠抑屬廣，尚難確定。」考歷來學人雖未知其地，但率以為屬廣州（余亦云然），即屈大均《廣東新語》中，及嘉慶《新安縣志》地圖上，亦以其在香港附近為一小島（今名未知）。然自惠州之甲子門沿海岸西行數百里以至廣州之新安，中途經過惠州陸豐、海豐兩縣，又安知當年二帝所駐蹕之梅蔚，非其間隸屬惠州之一島嶼耶！若然，則屈著與《新安縣志》地圖等均誤矣。饒子此問，頗為合理，亟宜研究。

（2）根據黃溍之《陸丞相傳後敍》帝昰「四月次官富場，六月次古壋」。饒子遂斷定他籍之作「古塔」者為「古壋」之形訛。此說完全推翻最近幾經研究考察而後獲得之古塔即南佛堂之論斷。考官富場近海處昔有古瑾圍，即古瑾村，在今之馬頭圍地方，為帝昰到官富場登陸處（亦猶到九龍在尖沙咀登岸）。今以「古塔」為「古壋」之形訛，是極大膽之假定，余雖未敢苟同，仍不得不認為新提出之問題。

（3）「井澳」、「謝女峽」，饒子詳考地理，斷定為中山縣南之大橫琴、小橫琴兩島，此與拙見相同。然考之各志書及地圖，則見兩島位置，或作一東一西，或作一南一北，完全相反，殊可詫異。今饒子雖知兩島「相連」，而未明言其位置如何——是東西抑南北相連，是故吾以為其留下——不是提出——半條問題，仍有待解決者。（按：余在《輦路考》之十九、二十，考證兩島均在今澳門之南，謝女峽即小橫琴在北，井澳即大橫琴在南。饒君早

已看過此稿，想未注意此小點，故不言之耳）

（4）碙洲在化而非在廣之說，饒子向主之，余則堅信其在廣。此書彙刊與余討論之前後兩篇[1]，而末則附加「質疑」九條，均針對余之辯辭作為總答覆，但仍未能折服拙論，將於《紀念集》編後記再略抒意見。於茲不辯，禮也。然饒子之總答覆，亦可視為重新提出此碙洲所在地問題，而有待於史學界之考究與判斷者。至其所網羅有關此問題之史料，姑無論詮釋如何，結論如何，殆已大備，足為深邃透徹研究之用，此其功也。

昔章實齋（學誠）之論史也，揭櫫一大原則：以史家於「史才」、「史學」、「史識」三大條件之外，尤須有「史德」。今饒子新著，成績輝煌，四美具備，而「自然之公」與「中平正直」之「史德」，特別昭著，譽為良史良書，倘非溢美歟！是用掬敬誠之心，書真實之見，成此序文，聊當桂冠之奉云。

中華民國四十八年中秋前一日馭繁簡又文撰於九龍猛進書屋

---

[1] 《宋皇臺紀念集》，另有余之答辯，本書未編入。

引言

　　近時，因鯉魚門外北佛堂門，南宋咸淳年間官富場鹽官嚴益彰碑刻之踏勘，引起學術界普遍注意，此為港九有年號之最古刻石，頗有裨宋季香港史之探討。如碑中言及「南堂古塔」，論者每取以解釋帝昰舟所次之「古塔」，說似是矣；然細究之，實不盡然。鄙見紙上資料之發見，較之實物資料，其價值正宜等量齊觀。以帝昰帝昺有關史料而論，一般所採用者，除宋史外，多取資百粵方志及族譜，惟此種書籍，類出於鈔撮，不可盡信，率爾援用，易蹈錯誤。

　　是故史料之審訂，乃治史第一步工夫，不可忽也。宋季史料，學者慣用者，又有陳仲微《二王本末》及《厓山志》，然仲微書已經後人增竄，《厓山志》亦出明人纂輯，嚴格言之，均非第一手資料。今欲尚論二王史跡，惟有求之宋元人記載，比勘推證，庶幾能獲較可信之史實。以余所知，鄧光薦《填海錄》，黃溍撰《陸君實傳後序》，周密之《二王入閩大略》，並其重要篇翰，而黃《序》尤有名，錢牧齋至稱其可上繼班、馬。惟粵東方志談二王史事者，曾未徵引及之，故立說多疏，未克收批郤導窾之效，為可惜也。[1]

---

[1] 阮元《廣東通志》一九三《藝文略》著錄《番禺客語》一卷，元黃溍撰。注云：「未見。」戴肇辰《廣州志》亦未引用，香山東莞各志皆然，蓋當日修志諸公，未注意黃溍此篇，全文詳本書「附錄」。

　　百粵史事，余曩者稍曾究心。民國二十六年，任中山大學廣東通志館專任纂修，其後總纂《潮州志》，於宋帝海上播遷史跡，妄有著論。十載以來，此調久已不彈。比歲朋儕中，若羅香林、簡又文兩先生對此問題，均有專文考證，淹貫殫洽，貢獻至鉅；淺陋如余，無庸多所置喙。惟拙文屢蒙徵引，頻年涉獵宋元人集部較多，見解稍異於前。所見宋季二帝資料，間有越兩君以外者，未敢自祕。去冬以碙洲問題，與簡君往覆商榷，文字累萬言。簡君覆時以電話，與余討論，恆至丙夜，不能自休，以此為樂；但胸中所欲傾吐者，非頃刻數語所能盡，故於暇日草成是篇，珠玉在前，只慚淺拙，聊向二君沐手請益，非敢自信為是耳。舊學商量，或加邃密，想當莞爾一笑，不以余之縷，為多事也。猶念往日穗垣文獻館之役，吾三人者於地方文獻，皆有同嗜，考論今古，紉蘭非遠，盍簪可親。今則播遷海隅，天假之緣，猶得聚首，孜孜蠹簡之中；風雨如晦，共此寂寥，筆研未焚，縞紵彌篤。重拾墜盟，不知何日，興言及此，不禁感慨繫之矣。

壹　宋元間人所記海上行朝史料評述

　　考證史事，以資料之搜集及審定為先務，宋季二帝播遷閩廣，宋元人記載已多歧異，方志之屬，更無論矣。茲就所知見，列舉而評如下：

一、《宋史・二王紀》

　　《宋史》所記，與《經世大典》頗有出入。史既修成，鄧光薦家始將其根據陸秀夫日記寫成之《填海錄》上進，已不及採入。[1] 故帝昰在官富場一帶之行蹤，《宋史》未能詳載。祥符王惟儉《宋史記》（馮平山圖書館藏鈔本）卷十三《帝昰端宗帝昺本紀》，與《宋史》此紀幾全同。柯維騏《宋史新編》、錢士升《度宗三帝本紀》則採自《厓山志》，所記較詳。並於梅蔚、官富場、淺灣諸地名，皆冠以「廣之」兩字，惟不採「次古塔」一條。[2]

二、《元經世大典・征伐平宋篇》

　　載《元文類》卷四十一。文中有云「福建宣慰使唆都言：南劍州安撫司達魯花赤馬良佐，遣人於福泉等處，密探得殘宋建都

---

[1]　事見黃溍撰《陸君實傳後敍》。

[2]　維騏，嘉靖二年進士；惟儉，萬曆二十三年進士。王氏成書在柯氏之後，可參《蛾術編》卷十「改修宋史」條。

廣州，改咸熙元年」云云。知所記多出自當日官方情報，不能盡
得實。「咸熙」乃「景炎」之誤，黃溍已辨正之。[1]

三、鄧光薦《填海錄》（據陸秀夫日記而作）、《續宋書》

《填海錄》出自鄧光薦家。黃溍撰《陸君實傳後序》云：「（宋）
史既成，而鄧光薦家，始以其《填海錄》等書上進。」又於「陳
寶降」句下云「而《填海錄》及其所撰《祥興本紀》」云云，則鄧
氏又著有《祥興本紀》一篇。《宋史》成於至正五年，鄧氏此書始
出，去宋亡已六十餘年矣。溍於此序自注，每引《填海錄》語，
弘治《厓山集》亦屢引之[2]。《文山紀年錄》云「雜取宋禮部侍郎
鄧光薦中甫所撰丞相傳、附傳、海上錄」，則此書亦名《海上錄》
也。鄧氏記二王事，乃得自陸秀夫。《宋史·秀夫傳》：「方秀夫
海上時，記二王事為一書甚悉，以授禮部侍郎鄧光薦。曰：君後
死，幸傳之。其後厓山平，光薦以書還廬陵。大德初，光薦卒，
其書存亡無所知。」然龔開為秀夫傳，則謂：「君實在海上，乃
有手書日記；日記藏鄧禮部光薦家，數從鄧取之不得。故傳所登
載，殊弗能詳。」蓋龔開深以不獲見秀夫日記為憾，秀夫日記存
於光薦處，原本亡佚也，故鄧氏得藉以成《填海錄》。黃溍云「其
家以《填海錄》等上進」，是《填海錄》一書，即以陸秀夫日記為
藍本也。光薦留心宋季史跡，《千頃堂書目》五「光薦」有《續宋
書》、《德祐日記》二種，錢氏《補元史藝文志》、倪氏《宋史藝
文志補》據之著錄。又光薦所作《文丞相傳》及《文丞相督府忠

---

[1] 《經世大典》乃天曆二年，命趙世延、虞集等修。蘇天爵《元文類》僅選載數篇。
[2] 清王邦采注吳萊詩，亦數引《填海錄》。

義傳》[1]，皆在《續宋書》中，據危素《西臺慟哭記》跋云：「文丞
相忠義明白，世多為之紀載，禮部侍郎鄧公光薦作《續宋書》，最
為詳備，文公之將校名姓，往往在焉。」是其明證。[2] 又黃溍引其
《祥興本紀》，當亦《續宋書》之一篇。文文山送光薦詩云「願持
丹一寸，寫入青琅玕」，蓋望其傳述宋史，文、陸兩公同此志也。
光薦史學名家，故所記宋季行朝事，實最為可信云。

四、陳仲微《廣王衞王本末》

此書四庫著錄（卷十一），乃浙江汪啟淑家藏本，為《宋季
三朝政要》卷六附錄。前有題記言：「丙子，從二王入廣，目擊當
時之事，逐日抄錄。厓山敗，流落安南……壬午歲，安南國使入
覲，因言仲微之事，而得仲微所著《二王首末》，重加編次，以廣
其傳。」壬午為元世祖十九年，是歲文天祥就義。此書多經元人
增竄，不少鈔襲文文山《集杜詩》句。又記文山之死，顯非仲微
所及知，其言蘇、劉義事尤乖異。書中前後相違伐者，如記世傑
擁祥興帝及楊太后脫去，繼又云丞相陸秀夫抱衞王赴海死，多所
矛盾。觀鄧光薦所著題曰《祥興本紀》，仲微為宋貞臣，對端宗尤
不應稱「廣王」，對祥興帝不應稱「衞王」。最可異者，即誤廣王
昺作廣王是，故知此書題名，顯亦出元人所改，非其朔也。

《二王本末》向附《三朝政要》以行，在卷六中。《政要》不
著撰人名氏，《四庫提要》言「卷首《題詞》，稱理宗國史為元載
入北都，無復可考；故纂集理、度二朝及幼主本末，附以廣、益

---

[1] 《文山全集》十九。
[2] 危素有《宋史稿》五十卷，其書不傳。

二王事。其體亦編年之流，蓋宋之遺老所為也。然理宗以後國史，修《宋史》者實見之，故《本紀》所載，反詳於是書。又是書得於傳聞，不無舛誤」云云。今觀《二王本末》所紀，實較《宋史・二王紀》為疏略，四庫評語，頗為允當，蓋其資料，多為修《宋史》者所不取。

（一）元仁宗皇慶（元年）壬子建安陳氏餘慶堂刊本

錢大昕《補元史藝文志》云：「六卷，起寶慶，終祥興。」儀顧堂《續跋》六云：書五卷，附錄一卷。目錄前有「陳氏餘慶刊」一行，目後有「皇慶壬子」四字。附錄題「廣王本末，陳仲微錄」[1]。

按：羅振玉曾覆影皇慶此本，收入《宸翰樓叢書》。

（二）元英宗至治（三年）癸亥雲衢張氏新刊本

日本《經籍訪古志》三云：卷首載目，有行書識語。卷六廣王，不題撰人名氏。卷端頁頭，題「雲衢張鼎新繡梓」。目錄末有「至治癸亥張氏新刊木記」。日本靜嘉堂文庫今藏有一部。

（三）明張萱刊本

見邵氏《四庫總目標注》。（《經籍訪古志》謂《三朝政要》，又明刊本體例行款與至治本同。未知視張本如何）

（四）清乾隆張海鵬《學津討原》本

卷六《廣王本末》下，不題「陳仲微述」，卷末至「捨生而取義信哉」止，而缺「蓋死者人之所難」以下三百餘字。有屈振鏞、張海鵬跋。屈跋云：「第六卷首敍陳仲微抄錄二王事，得自安南使人，是亦當時野史而已。」

---

[1]　建安陳氏餘慶堂事，詳《書林清話》卷四。

（五）錢熙祚《守山閣叢書》本

以趙、魏校本付梓。有吳焯跋謂：「作者不傳姓氏，此元初人有心於舊聞者。」儀顧堂跋謂其「又有據別本妄增者，蓋與張本伯仲間耳，均非善本」。

（六）咸豐間伍崇曜《粵雅堂叢書》本

書題《宋季三朝政要附錄》，無「卷六」二字。伍跋謂「此編為吳荷屋（榮光）中丞藏本，袁壽階五研樓中物」。

按：袁氏名廷檮，其鈔本有嘉慶十五年陳鱣手記，後歸丁氏善本書室[1]，伍氏即據此本付刊。

至其他鈔本，善本書室有嘉靖壬戌周文鼎（約耕）鈔本，日本靜嘉堂有黃丕烈校鈔本，臺灣「中央」圖書館有鄧邦述（群碧樓）朱藍二色手校本，惜莫由彙集，為之詳校。考《宋史》成於至正間，在此書刊行後多年，而此書自皇慶迄於至治，十年之間，鏤版再者，在當日必甚流行。時《宋史》尚未成書，誠如《四庫提要》所言，當時修《宋史》諸公，對仲微《二王本末》當曾寓目。而鄧光薦書行世較晚，最為可信。故黃溍據之以校訂《宋史》及《經世大典》。仲微此書，諒以其習見，又多經坊肆改竄，故不為人重視歟。

五、文天祥《集杜詩》

載《文山全集》卷十六。自「景炎擁立」第二十八以下，至「曾淵子」第四十四若干首，與「陸樞密秀夫」第五十二等篇，皆賦

---

[1] 《藏書志》卷七。

景炎、祥興及海上諸臣事；其小序尤具史料價值。其「景炎賓天」第三十一、「祥興」第三十六序，與《二王本末》所記全同，蓋元時重編仲微書者鈔襲之也。

六、周密《二王入閩大略》

見《癸辛雜識續集上》。草窗自注云：「姜大成云。」蓋出姜氏所述，其中頗多珍聞，如注明「碙州屬雷州界」，足正《二王本末》之訛。言楊亮節與陸秀夫皆溺海而死，可匡正陳伯陶之說。又言「益王銳下，一目幾眇」，《趙氏譜》載有二王畫像，容貌端正，與草窗所記殊不類。

七、鄭思肖《心史》

《心史》下卷有《文丞相敍》、《祭大宋忠臣文》，又《大義略敍》長篇，末題德祐八年著述，德祐九年重修，尤為重要。其書於海上行朝史跡，雖未詳盡，亦足資參證。如謂「景炎皇帝以病崩於南恩州界」及「葬碙洲」，他書皆言景炎崩於化之碙洲，黃溍則云殂於舟中，蓋化之碙洲與南恩州正相近也。文於陳宜中及逃亡諸臣頗多責難，大義凜然。謂宜中初奔占城，又遁而奔闍婆等，足補史乘所不及。又言世傑奉祥興帝奔遁，與《宋史》不合。所南又於《中興集》卷二少保張世傑一首序，謂少保實未死，亦與《昭忠錄》及黃溍注引《填海錄》說所記大異，實不可信，故《四庫提要》斥為無稽之談也。

八、龔開《宋陸君實傳》

文載程敏政《宋遺民錄》卷十。[1] 記己卯二月六日癸未，厓山之敗，君實抱幼君，以匹練束如一體，用黃金硾腰間，君臣赴水而死。足正《心史》言世傑奉祥興帝奔之誤傳。《傳》又言：「君實在海上，與青原人鄧中甫光薦善，嘗手書日記授中甫曰：足下若後死，以此冊傳故人。僕嘗託黃君佐圭從中甫取冊，不得，姑以所聞，輯為此傳。」具見秀夫日記，實在光薦家。開字聖予，號翠巖，淮陰人。以畫馬名（傳世有《駿骨圖》），少與秀夫同居廣陵幕府。[2] 此《傳》又載於《陸右丞蹈海錄》。初，吳萊曾取開所作天祥、秀夫兩傳，附以雜記，題曰《桑海遺錄》。[3] 錢牧齋讀吳萊此序，復錄此二傳，益以黃溍君實傳後序，題曰《重輯桑海遺錄》。有序作於萬曆四十七年四月，文載《初學集》卷二十八。

九、黃溍《陸丞相傳後敍》（並自注）

文載《金華黃先生集》卷三。[4] 初，溍憾龔開所記陸秀夫事未能詳悉。及在金陵，客有來自番禺者，頗能道厓山事，因為之

---

[1] 敏政之前，尚有無名氏編《宋遺民錄》一卷，洪武間鈔本，《四庫》十三著錄。

[2] 吳萊：《桑海遺錄序》。

[3] 有序見《淵穎先生文集》十二。

[4] 是集共四十三卷。初稿三卷，危素所編；續稿四十卷，則門人王褘、宋濂所編。板本頗多，《金華叢書》本稱《黃文獻公集》，《四部叢刊》初印用影寫元本，後張菊生於日本岩崎氏訪得元刊本，乃合常熟瞿氏、上元宗氏所藏元刊本彙影之，最稱足本。縮本《四部叢刊》，即用元刊本，足以窺見元刻真貌。

記。明人所輯《厓山集》，每引「客語」，即潛此文也。阮元《廣東志》據黃佐志著錄元黃潛《番禺客語》一卷，即此文，而注云「未見」，故言二王事，不能詳備。潛此篇成於至大二年春，又以客語不敢盡信，及至京師，見新史（按指《宋史》）《本紀》與《皇朝經世大典》有不盡合；《宋史》既成，鄧光薦家始以其《填海錄》等書上進，復不無差異。潛乃摭取其書附注本文之下，考校綦詳，言二王事跡者，此篇實為無上資料，注語尤為矜貴。《宋遺民錄》原無此文，鮑廷博據《蹈海錄》補，乃不採入注語，殊為可惜。鄧光薦《填海錄》原書，今不可睹，賴潛此篇自注存其厓略，更可寶也。

此篇分兩部分：一為《傳後序》，末自題「至大二年春東陽布衣」，時潛尚未出仕；一為注語，則作於《宋史》既成之後，相去垂四十年。據宋濂撰《金華黃先生行狀》，潛兼國史院編修在至順二年，《宋史》成書則在至正五年（見阿魯圖表），《經世大典》成於至順二年，自注語乃取新修《宋史》，《經世大典》與《填海錄》校勘，則作於至正五年以後。考《宋史》書成，潛已六十有九[1]，則去至大二年已三十七年矣。注語為晚歲所作，足見昔賢治史之不苟，誠為不可及者。故錢牧齋稱：「潛作《陸君實傳後序》，補聖予（龔開）之闕逸，訂新史之同異，其文亦遷固儔也。」[2]可謂知言。

---

[1]《行狀》稱「至正三年春，先生始六十有七」。

[2]《重輯桑海遺錄序》。

十、吳萊《南海山水人物古跡記》

載《淵穎吳先生文集》卷九。凡三十三條，涉及宋季行朝者僅「仙女灣」、「厓山」二條。又「大奚山」一條，但云「一曰磽州」，不及二王事。吳萊未至廣東，所記乃據東陽李生口述。萊又輯有《桑海遺錄》，書亡，僅存序，見《文集》十二。

十一、《昭忠錄》

無名氏撰，今有《粵雅堂叢書》第二集本、《守山閣叢書》本。記南宋忠節事跡，其中文天祥、陸秀夫、蘇劉義各傳，皆極重要。《四庫提要》十二著錄，謂書中「張世傑在厓山，及謝枋得被徵事，所載比諸書為詳」，是也。

其他有關之佚籍，如失名之《廣王事跡》一卷[1]、《行朝錄》、《方輿紀要》一百一《新安縣》下屢引之。《千頃堂書目》五有宋端儀《宋行朝錄》，或即此。他若張樞之《宋季逸事》[2]，惜其書均不可見。

十二、姚燧《中書丞李公家廟碑》、《平章政事史公神道碑》

上二篇俱載《牧庵集》。李恆碑述厓山事，史格碑述雷州事，均有裨於考證。

---

[1] 《宋史·藝文志》。
[2] 《金華黃先生文集》三十，《張子長墓表》。

十三、李謙《張弘範墓誌銘》

　　載《文物》1986 年第 2 期。墓誌為元代重臣、文學家李謙撰，河北易縣出土。

　　此外如元劉敏中《平宋錄》[1]，及明丁元吉《陸右丞蹈海錄》（書作於成化年間），或與帝昰無關，或成於元、明以降，非屬本文範圍，茲不具論。

---

[1]　作者題名從《四庫提要》十一。記元兵下臨安，及宋幼主北遷事。

貳 《宋史》、《元經世大典》、《塡海錄》、《二王本末》、《厓山集》五種史料所記二帝行蹤撰異

二帝事跡，明人所編《厓山志》，記載甚備，柯維騏《宋史新編》、錢士升《南宋書》及地方志乘，多採其說。成化間，張詡撰《厓山志》十八卷，原書未見。今《涵芬樓祕笈》第四集，收有佚名弘治刊《厓山集》殘帙，似即張詡之書。又萬曆庚辰進士黃淳，有重修《厓山新志》五卷（萬曆三十九年辛亥刊本），視張志又有增改，清季粵乘排比前事，據黃淳志者尤多。

一、史料比較表

今取弘治《厓山集》所記二帝行蹤，與《宋史》、《元經世大典》，及《塡海錄》、《二王本末》諸書，比勘如下：

《宋史》	《元經世大典》	《塡海錄》	《二王本末》	《厓山集》
丙子（景炎元年，至元十三年，公元 1276 年）				
十一年乙巳，是入海。	遁海外碙洲。	十一月，入海。	十一月乙巳，奉景炎帝等登舟……至泉州……趨潮州，至惠州之甲子門駐焉。	十一月乙巳，奉帝登舟。

（續上表）

《宋史》	《元經世大典》	《填海錄》	《二王本末》	《厓山集》
十二月辛酉朔，趙潛棄廣州。乙酉：昰次甲子門。		十二月，次甲子門。	十二月，景炎帝至廣州，守臣薛應龍等迎入州治，作行宮。（《厓志》作劉應龍）景炎帝趨於富場。	十二月乙酉，帝舟次於惠州之甲子門。帝至廣州，迎入州治，作行宮。
丁丑（景炎二年，至元十四年，公元 1277 年）				
		正月，次梅蔚。		正月，帝舟次於廣之梅蔚。
		四月，移廣州境，次官富場。		四月，帝舟次於廣之官富場。
		六月，次古瑾。		六月，帝舟次於廣之古塔。
	九月，福建宣慰使探得殘宋建都廣州，改咸熙元年。又聞：師至港口，為廣州官軍殺退，回在海內，有一山名秀山，又名武空山，山上民萬餘家，有一巨富者，昰買此人宅宇作殿闕。	九月，次淺灣。		九月，帝舟次於廣之淺灣。

（續上表）

《宋史》	《元經世大典》	《填海錄》	《二王本末》	《厓山集》
十月，元帥劉深以舟師攻昰於淺灣，昰走秀山。				
			十一月，廣州城陷，張鎮孫死之。大軍至，次仙澳，與戰得利，尋望南去，止碙洲。碙洲屬廣之東莞縣，與州治相對。	十一月，元劉深襲淺灣，張世傑敗績。
十二月丙子，昰至井澳，颶風壞舟。旬餘，諸兵始稍集。丁丑，劉深追昰至七州洋，執俞如珪。	十二月中旬，宋張鎮孫降，昰等走香山。十八日，塔出遣諭，昰等驚潰不知所之，又追襲之，遇於香山。俘李茂等，茂對：船至虎頭山，為風壞船。二十三日，追昰至廣州七洲洋，獲俞如珪。	十二月，駐秀山，一名武山，一名虎頭山。入海至井澳，一名仙女澳。風大作，舟敗。復入海至七州洋，欲往占城，不果，遂駐碙洲鎮，隸化州。	十二月，景炎帝舟遷於謝女峽，陳宜中之占城。	十二月，退保秀山，尋移井澳。丙子颶作，旬餘諸兵始集。劉深復襲井澳，世傑卻之。宜中如占城，帝舟次謝女峽。丁丑，劉深追至七星洋，執俞如珪。
戊寅（宋景炎三年、祥興元年，元至元十五年，公元 1278 年）				
正月，大軍夷廣州城。				正月，呂師夔夷廣州城。

（續上表）

《宋史》	《元經世大典》	《填海錄》	《二王本末》	《厓山集》
			二月，大軍檝戍。景炎帝由海道再回廣州。	二月，師夔退，帝舟還廣州。
三月，昰欲往居占城，不果，遂駐碙洲。遣兵取雷州，曾淵子自雷州來。				三月，帝舟次於化之碙洲。
四月戊辰，昰殂於碙洲，庚午，立衞王。		四月戊辰，昰殂於舟中。自井澳遇風，驚悸成疾，以至大漸。（遇風之日，新史以為丙子，《填海錄》以為丙寅）庚午，衞王襲位。升其地為翔龍縣。（《填海錄》以為祥龍，又以為龍興）上廟號，以四月辛巳。	四月戊辰，景炎帝崩於碙洲。四月庚午，衞王即位於碙洲。改元祥興。（無月日）	四月戊辰，帝崩於碙洲。辛巳，上尊號曰端宗。庚申，立衞王。

（續上表）

《宋史》	《元經世大典》	《填海錄》	《二王本末》	《厓山集》
五月癸未朔，改元祥興。乙酉，升碙洲為翔龍縣。	五月二十九，王用來降，言昰已死，碙洲無糧，聞瓊州守臣欲給糧，止有水磊浦通舟，宜以兵守之。			五月癸未朔，改元祥興。乙酉，升碙洲為翔龍縣。
六月己未，昺徙居厓山，升廣州為翔龍府。			六月，祥興帝遷於厓山。（十二月）丁未，葬景炎帝於厓山。	六月王用叛。丁巳，張應科戰死。世傑以雷州已失，六軍泊居雷化犬牙處非善計，不如厓山在大海中，遂以己未發碙洲。乙亥，至厓門。庚辰，升廣州為翔龍府。
		梓宮發引，以八月乙亥。		
		殯宮復土，以九月壬午。		九月壬午朔，葬端宗於厓山。

二、史料歧點

上舉五項史料，第一、第二為元人之官書；第三、第四為從亡海上宋臣之記錄，均為較原始之資料。第五之《厓山集》，則明初人編纂之作，茲舉各書歧異之處列後：

（一）《厓山集》雜綴第一、第三、第四各資料而成

觀其繫帝次碙洲，在景炎二年，同於《宋史・二王紀》；同年二月記帝舟還廣，則同於《二王本末》；其景炎二年舟次廣屬各地年月，皆與《填海錄》相符，足見此書編者，曾綜合《宋史》、《填海錄》、《二王本末》諸書而成。[1] 惟間有取捨，若仲微誤記蘇劉義之死在丁丑四月，此則削去。又後人增竄之《二王本末》，於碙洲下有「屬東莞縣」數語，而《厓山集》則仍稱化之碙洲，與鄧光薦、黃溍所記相同，斯又足證碙洲下增入「屬東莞」句，未必出仲微原書；仲微目擊身歷，必不訛誤如此，故其說為張詡輩所不取也。

（二）《厓山集》所記，同於《二王本末》，而為他書所無者

舉其犖犖大端，計有三事：

（1）記自福州入海時，正軍十七萬，民兵三十萬，內淮兵一萬等語，兩書文字悉同。

（2）記端宗兩次入廣，他書俱不載。

（3）記帝舟遷謝女峽，此一地名，黃溍引《填海錄》不見。[2]

（三）《厓山集》記帝次甲子門，及至廣州州治，日期有矛盾

《厓山集》記十二月朔，趙溍聞師夔至，辛酉，棄廣州遁。

---

[1] 其「白鷳奮擊」一條注引《二王本末》，尤為曾睹仲微書之佐證。

[2] 惟見文天祥《集杜詩》。

（按：此文不順，據《宋史》「辛酉」乃在「朔」字之上）方興委郡人趙若岡禦之，後五日（按：即乙丑）亦遁。越八日，若岡降元。癸未師夔入城。（按：此段辛酉、乙丑兩日俱見《宋史》）乙酉，帝舟次惠州之甲子門，以張鎮孫為廣東經略使，集鄉兵分二路圖復城，師夔退。帝至廣州，迎入州治作行宮。

按：辛酉之後二十三日為癸未，又後二日為乙酉；設帝於乙酉日（即十二月廿五日）次甲子，其時正當呂師夔入廣州城後之三日，此際必不能越廣州，縱赴廣州，亦不能於本十二月到達。

又《厓山集》言次年四月，張鎮孫復廣州，此條與此十二月鎮孫分路圖復廣州應是一事；疑上年十二月帝至廣州一說乃誤撮。又《集》記帝次甲子，以張鎮孫為廣東經略，帝至廣州，經略使劉應龍迎入州治，是同時有張與劉兩經略使，於事理亦不合。考《宋史》四百二十五《劉應龍傳》，應龍實於德祐以前知廣州，廣東經略安撫使，德祐元年遷兵部尚書，後隱九峰。《二王本末》謂此時任廣州經略使，疑有誤。《二王本末》記帝入州治與《厓山集》同；惟於「入州治」之次條，始記除張鎮孫為廣東經略使，更為可異。具見輾轉鈔襲，致多訛誤。

從上三項，知《厓山集》非第一手資料，非盡可信；而《二王本末》與之亦多有抵牾處。

（四）《宋史新編》及《東莞志》之誤

明柯維騏《宋史新編》云：「帝舟次惠之海豐，圖復廣州，呂師夔等以軍餉不繼退走，以梁雄飛守之，時經略使劉應龍導帝舟至廣州港口，轉運使姚良臣作行宮，迎帝入州治，元兵守江者拒之，不果入，帝舟還大海，駐師秀山，尋次於惠州之甲子門。」

　　按：此段《宋史·二王紀》不載，卷四二五《劉應龍傳》載，應龍官廣東經略使，實在德祐以前，《二王本末》稱「守臣薛應龍」，與《宋史》不合，陳伯陶《東莞志》三十列此條於景炎二年之前，並引《厓山志》云「來駐秀山，山上有民萬餘家，擇富室為殿居之，師多病死」。又同書於景炎二年十一月云：「劉深攻帝於淺灣，張世傑戰敗，奉帝秀山。」是以帝昰兩度駐秀山，今核之《填海錄》，帝實於丁丑十二月駐秀山，僅此一次，不應在丙子十二月次甲子門之前先駐秀山也。考陳《志》所引《厓山志》此段，原襲《經世大典》文，《大典》明列於至元十四年（即景炎二年丁丑）九月以後[1]，安得次於丙子十二月。故知纂次史文，當取原料細心核對，否則不免紕繆疊出也。

　　（五）《經世大典》之誤

　　《經世大典》記丙子昰遁海外碙洲，丁丑九月宋建都廣州，改元咸熙。此據福建宣慰使報，不甚確實。所言廣州，應指廣州境而非廣州城，咸熙乃景炎之誤。至謂丙子歲「昰遁海外碙洲」，尤為混誤，此時端宗方在閩廣，未至化州，此殆後來追書，指其最後所止之地言之耳。

三、論《填海錄》記載之詳確，兼論鄧光薦兩度居廣州事

　　帝播遷梅蔚、官富、古壏、淺灣各地，惟《填海錄》所記最詳。《厓山集》據之，而誤古壏為古塔；《宋史》則但書淺灣，《二王本末》僅記趨於官富場，尤為疏略。故比勘各書，應以《填海

[1]　參看附錄。

錄》最為詳確可信，因《填海錄》乃據陸秀夫日記寫成，最為直接可靠。

或疑鄧光薦在行朝遷厓山前，匿居香山，於海上事未必能詳悉。查香山縣西七十里有黃楊山，其上為烏岩山。黃佐《廣東通志》云：「鄧光薦祥興中避兵於此。」《香山縣志·山川》載光薦書《烏岩山哀歌》云：

> 歲雲暮矣可奈何！雲愁雨濕陰風多，林壑摧殘海驚波，慘澹一色無山河。哀鴻嗷嗷舊枝柯，飛矢不容愁虞羅，深山短景一鳥過，會看明午風日和。

詩云「歲雲暮」、「海驚波」，當指丁丑冬十二月井澳潰敗之役。

景炎丙子、戊寅間，光薦曾兩度至廣州，其《浮虛山記》云：「光薦避地三年，崎嶇海岸，何所不至。丙子夏攜家潮居[1]，冬赴辟於廣，嘗過其下……次年隨承節（按：指趙時鏦）客香山數月……今年（按：指戊寅）既喪家，詣府城，始獲一拜殿廡，時暑方劇……」[2]考《宋史·二王紀》：丙子夏五月立帝昰於福州，冬十一月乙巳，昰入海，移潮州。十二月，昰次甲子門。又云：九月「壬子，趙溍入廣州」，十月「趙溍遣曾逢龍就熊飛禦大（元）軍於南雄」，「十二月辛酉朔，趙溍棄廣州遁」。蓋自景炎元年（丙子）九月壬子至十二月辛酉，趙溍制置廣州，光薦是年赴辟於廣，

---

[1] 《香山縣志·都里》云：「潮居鄉黃梁都在城西南一百五十里。」
[2] 《香山縣志·山川》。

即入滔幕[1]，《廣州人物傳》謂閫帥趙總卿以書幣辟光薦幹官，即指此事。《二王本末》、《厓山集》記是年十二月景炎帝至廣州，此十二月初，光薦正在廣州也，鄧氏於《填海錄》不書此事，足見其不確。

光薦《浮虛山記》末題「景炎三年戊寅仲秋朔日」，文中又云：「今年詣府城」，即再蒞廣州。《宋史·二王紀》，是年三月文天祥取惠州，廣州都統凌震、轉運判官王道夫取廣州，光薦詣府，或與廣州恢復有關。《二王本末》言戊寅二月景炎帝由海道再回廣，《厓山集》亦云戊寅二月師夔退，帝舟還廣州。

按：戊寅夏光薦正在廣府，倘帝舟於二月回廣，光薦必有所聞，於《填海錄》應大書特書，今乃一語不提，足證必無此事。景炎崩於戊寅四月，同年五月改祥興，而光薦此文作於仲秋朔，仍題景炎年號，則是時彼尚未至厓山也。

附一　宋季廣州爭奪得失各書所記對照表

《宋史·二王紀》	《二王本末》	《厓山集》
丙子（德祐二年，景炎元年，至元十三年）		
五月，廣州經略使徐直諒遣梁雄飛請降於隆興，帥府乃假雄飛招討使徇廣州。既而直諒聞昰立，命李性道、黃俊拒雄飛於石門，性道不戰，俊敗還，直諒棄城遁。	五月，廣王登極於福州。	五月，益王即帝位於福州。命趙潸、方興等分道出兵興復。（徐直諒先降後守事同《宋史》）

---

[1] 滔號冰壺，潭州人。

（續上表）

《宋史・二王紀》	《二王本末》	《厓山集》
六月，梁雄飛入廣州。	六月，以趙溍為江西制置使。	六月，元呂師夔遣黃世雄與梁雄飛徇廣州，丙子入廣州。熊飛復廣州，後十日制置使趙溍至；次日安撫方興至。（不記月）（熊飛義死韶州同《宋史》）
九月，熊飛先為元人守潮惠，聞趙溍至，即以兵應，攻梁雄飛於廣州，雄飛遁，熊飛遂復韶州。壬子趙溍入廣州，元呂師夔入梅嶺。		
十月，趙溍遣曾逢龍就熊飛禦元軍於南雄，逢龍戰死，飛返韶州，戰敗，赴水死。		
	十一月，次甲子門。	
十二月辛酉朔，趙溍棄廣州遁。乙丑方興遁。乙酉昰次甲子門。	十二月，景炎帝至廣州，守臣薛應龍迎入州治作行宮。張鎮孫除廣東經略使。徐直諒遁。景炎帝趨於富場。	十二月朔，聞師夔將至，辛酉，棄廣州遁。（朔與辛酉分書，是筆誤）方興委郡人趙若岡禦之，後五日亦遁。後八日若岡降。（廿三日）癸未，師夔入城。乙酉（廿五日）帝舟次於惠州之甲子門，以張鎮孫為廣東經略使。鎮孫及凌震集鄉兵分二路圖復城。師夔餉不繼，退走，帝至廣州，經略使劉應龍迎入州治作行宮。

（續上表）

《宋史·二王紀》	《二王本末》	《厓山集》
丁丑（景炎二年，至元十四年）		
二月，元軍至廣州，趙若岡降。		
四月，廣東制置使張鎮孫襲廣州，梁雄飛等棄城走韶州。		四月，帝舟次廣之官富場。廣東經略使張鎮孫復廣州，逐雄飛。
九月塔出入大庾嶺。		
十月，塔出圍廣州，庚寅張鎮孫降。元劉深攻昰於淺灣，昰走秀山，陳宜中入占城。		十月，元唆都與塔出、呂師夔合襲廣州，庚寅，張鎮孫降。
	十一月，唆都與呂師夔會攻廣州，城陷，張鎮孫死之，大軍至，次仙澳，與戰得利。尋望南去，止碙州。	
十二月丙子，昰至井澳。颶風壞舟，旬餘，諸兵稍集。丁丑，劉深追昰至七州洋，執俞如珪以歸。	十二月，景炎帝遷謝女峽。	十二月，帝退保秀山，尋移井澳。丙子，颶作，舟敗，帝得疾，旬餘，兵稍集。劉深復襲井澳，世傑戰卻之。宜中如占城。帝舟次於謝女峽。丁丑，劉深追至七星洋，執俞如珪。
戊寅（祥興元年，至元十五年）		
正月，元軍夷廣州城。		正月，元塔出、呂師夔夷廣州城。

（續上表）

《宋史‧二王紀》	《二王本末》	《厓山集》
	二月，景炎帝由海道再回廣。（《張弘範墓誌》作：「（至元）十六年正月，入海道至廣州之厓山。」）	二月，呂師夔復退走，以張鎮孫歸。帝舟還廣州。
三月，廣州都統凌震、轉運官王道夫取廣州。昰欲往占城，不果，遂駐碙洲。		三月，廣州都統凌震、轉運判官王道夫復廣州。帝舟次於化之碙洲。（注引元新史及《填海錄》云，井澳風作，復入海至十洲洋，欲往占城，不果，遂駐碙洲）
四月戊辰，昰殂於碙洲。庚午，立衞王昺為主。		四月戊辰，帝崩於碙洲。庚申，立衞王。
五月癸未朔，改元祥興。乙酉，改碙洲為翔龍縣。		五月癸未朔，改元祥興。乙酉，升碙洲為龍翔縣。
六月己未，昺徙居厓山，升廣州為翔龍府。	六月祥興帝遷於厓山。	六月己未，發碙洲，乙亥，至厓門。庚辰，升廣州為翔龍府。
		十月，蒙古漢軍數路並進。
閏十一月，王道夫棄廣州遁。壬戌，凌震遁。癸亥，元軍入廣州。		閏十一月庚戌，王道夫棄廣州遁；壬戌，凌震逃；癸亥，元復陷廣州。

（續上表）

《宋史・二王紀》	《二王本末》	《厓山集》
十二月壬午，王道夫攻廣州，被執。凌震兵繼至，又敗於茭塘。		十二月壬午，王道夫取廣州，兵敗被執。凌震繼至亦敗，退戰於茭唐，又敗。

　　按：自景炎元年至三年間，廣州之爭奪戰至烈，觀上表便明。《二王本末》及《厓山集》記丙子十二月景炎帝至廣州，守臣迎入州治，此必不可能之事。故柯維騏《宋史新編》言「帝入州治，元兵拒之，不果入」。是此事純屬子虛。又《二王本末》、《厓山集》記戊寅二月帝舟回廣，《宋史新編》亦同，《南宋書》亦於此時言帝舟次廣州，此「廣」字或指廣州境而非指廣州城；惟此事《填海錄》、《宋史・經世大典》皆不載，亦極可疑。《厓山集》乃抄撮《二王本末》，《宋史新編》及《南宋書》則襲《厓山集》，原不足論。惟《二王本末》所記多疏略，帝是自丁丑冬在井澳遇風溺水，驚悸得疾，是時乃阻滯「沙洲」之間 [1]，即今回廣屬，亦不過舟泊澳岸而已。蓋自井澳、七洲洋敗後，帝目的欲如占城，故前往化之硇洲鎮，惟中間以疾濡滯，至翌年戊寅三月始到達硇洲。書其事在丁丑十二月者，指其出發前往硇洲而非言到達之時耳。

---

[1]　陸秀夫草《景炎遺詔》所云「海桴浮避，澳岸棲存」、「沙洲何所，垂閱十旬，氣候不齊，積成今疾」是其證。

附二　論雷州陷落時間

黃溍撰《陸君實傳後敘》:

> 明年,南遷化之碙州。又明年四月戊辰殂於舟中。越三
> 日庚午,衞王襲位……會雷州失守,而六軍所泊,居雷化犬
> 牙處,乃稍北徙廣州之境。五月,寓梓宮於香山縣,尋葬其
> 地。

是失雷州在景炎帝三年四月、五月間,與《史格傳》世祖十五年
五月,格進兵攻雷州曾淵子以前,雷州尚為宋有,正相符合。足
證南遷化之碙洲時,雷州猶為宋土。

至王用降元之時間,據《經世大典》云:

> 十五年五月二十九日,昰將王用來降。言昰已死,世傑
> 等立昺,改元祥興。士卒止萬人,而碙洲無糧儲,聞瓊州守臣
> 欲給糧二萬石,海道灘水淺急,難於轉運,止有呇磊浦可通
> 舟楫,宜急以兵守之。雷州總管忙兀觲等得其說,即命諸將進
> 軍,為戰守之計。

柯劭忞《新元史·忙兀台傳》,即採錄此段文字,蓋是時初失雷
州也。

叁 行朝所經九龍半島附近地理考證

端宗於景炎元年丙子十二月，在惠州甲子門，此後播遷，即入廣州境。所經九龍半島之地，《二王本末》但舉「富場」一地名，《宋史‧二王紀》則僅言及淺灣以後事，《經世大典》舉秀山，已屬香山縣境。惟《填海錄》所記為詳，茲依據之，考證於下：

一、梅蔚（未詳所在）

《填海錄》云：「丁丑正月，次梅蔚，四月，移廣州境，次官富場。」如此語，梅蔚似不屬廣州境。《厓山集》始言「廣之梅蔚」，冠以「廣」字。《宋史新編》及《南宋書》繫此事於丁丑二月，云：「元兵略廣州，廣東諸郡皆降，帝舟次廣之梅蔚。」

梅蔚，他書謂是山名。《厓山志》：「梅蔚山在東莞西南二百十八里，山巔有宋帝石殿尚存。」[1]《廣東新語》三亦言：「官富山……建有行宮……其前有山曰梅蔚，亦有行宮。」新安舒志《山水略》：「梅蔚山在縣南一百里，前護縣治，後障重洋，叢生林木，宋景炎帝嘗駐蹕於此。」又《勝跡略》云：「景炎行宮在梅蔚山，宋景炎二年，帝舟抵此，作行宮居焉。」新安舒志木刻本「新安縣圖」，梅蔚山位置在大埗頭官富山之東，長洲山之北。梅蔚山為今何地，尚難確指。[2]陳伯陶《侯王古廟聖史牌記》石刻「梅蔚」

---

[1] 東莞陳志引。

[2] 或謂為大嶼山之梅窩，或疑為青衣島，均乏明證。

作「藍蔚」，又其《瓜廬文》中《九龍宋王臺新築石垣記》引《南宋書》言「（帝）二月次藍蔚」，實俱誤。

　　端宗離甲子門之時間，宋季傳聞，尚有異說，據陳紀（東莞人，領咸淳九年鄉薦，元至元三十一年卒，年五十）撰葉剛墓誌云：「剛妻，熊飛妹也。景炎元年，剛與二弟判、釗從飛起兵……元兵圍韶，飛與判死戰，剛與釗遁歸。二年二月，復偕釗覲端宗於惠州甲子門。隨文天祥恢復江西，至空坑力戰死。」[1] 是端宗於景炎二年丁酉二月仍在甲子門，參以《填海錄》所記，四月始移廣州境，則梅蔚所在地，屬惠抑屬廣，尚難遽定。

二、官富場

　　《填海錄》：「帝四月，次官富場。」《厓山志》、《宋史新編》、《南宋書》皆同在丁丑四月，惟《二王本末》列於丙子十二月，云「景炎帝趨於富場」，時間有誤。又省去「官」字，但稱「富場」[2]。

　　官富場乃因官富山得名。《清一統志》「山川」條云：「官富山，在新安縣東南七十里，又東十里有馬鞍山，脈皆出自大帽。」又「關隘」條：「官富巡司，在新安縣東南八十里古官富場。《宋史》景炎二年，帝舟次於官富場。即此。後改為砦。明洪武三年置。」此兩條最為簡明，蓋山在縣治東南七十里，而巡司又在山之東南麓，故云八十里也。新安舒志「九龍逕在官富山側」，又云：「官富山在佛堂門內，急水門之東。」《方輿紀要》一百一「佛堂門海」條，下引舊志云：「胖舸水經官富山西南入海，分

---

[1] 文據東莞陳志五四人物引。
[2] 《元史‧唆都傳》亦稱「富場」。

為二門，佛堂門海在其左，急水門海在其右，凡潮自東南大洋西流，經官富山而入急水門，番舶至此，無漂泊之恐，故曰佛堂。」是舒志所記官富山，與《方輿紀要》同在佛堂門與急水門之間也。《圖書集成·職方典》云：「官富山即官富場，在東莞縣西南二百十八里，有巡檢司，今地隸新安。」以地圖按之，自今日東莞城向西南二百八十里作一直線，又自今日寶安城向東南七十里作一直線，則其交叉點即官富山也，亦即在佛堂門與急水門之間。

官富場乃宋東莞四大鹽場之一。北宋元豐時，東莞有海南、黃田、歸德三鹽柵，見《元豐九域志》，未有官富場也。官富場設於何年，今不可確知；惟隆興二年十一月，提舉廣東茶鹽司奏言：官富場撥附疊福場（在今大鵬灣城附近），事見《宋會要》。是南宋孝宗以前，已有官富場，至是裁撥，又不知何時復置。考寧宗慶元三年，提舉徐安國捕大奚山私鹽，知廣州錢之望遣兵入大奚山[1]，「請於朝，歲季撥摧鋒水軍三百以戍，季一更之。慶元六年，復請減戍卒之半，屯於官富場，後悉罷之。」[2] 則慶元間又復官富場矣。（按：慶元四年尚書省牒云：「大奚山小醜，阻兵陸梁⋯⋯分遣摧鋒水軍，前去會合。」）至其轄境，應是：北接疊福場境，西北接黃田柵境（元改官富場為巡司，其鹽課附入黃田場，見新安舒志）。南宋初設大奚山之海南柵，即奄有整個九龍半島（及新界），香港、大嶼山及附近島嶼皆屬之。[3]

---

[1] 《宋史·寧宗紀》。

[2] 見東莞陳志引《蒼梧軍門志》。按史載廣東之有摧鋒軍，在慶元前者如《宋會要》載淳熙二年「辛棄疾平茶寇」條云：廣東提刑林光朝帑督摧鋒軍以追賊鋒。在慶元後者如《宋史·崔與之傳》云：廣州摧鋒軍遠戍建康四年，留守江西四年，遂倡亂縱火惠陽郡。此處云「撥」，指臨時派遣原有部隊言，非特設也。

[3] 觀《新安志·輿地略》「都里」官富司所轄村莊，可推知其梗概。

官富場轄境雖廣，然除涉及鹽政之外，普通稱為「官富場」者，多指鹽官場署所在地言之，猶到五羊城者謂之到廣州，不必包舉廣府所領十餘縣也。宋季官富場治所，據上引《一統志・關隘》及《職方典》所述，已指明其方向及距離里數，且並敍明為景炎帝舟所次。故《元史》一二九《唆都傳》：「塔出會唆都取道泉州，泛海會於廣之富場。」《宋史》四五四《忠義・杜滸傳》：「空坑兵敗……天祥移屯潮州，（杜）滸議趨海道，天祥不聽，使護海舟至官富場。」皆同此地。新安舒志《鹽政》云：「元改官富場為巡司。」《建置略》云：「官富檢司署在赤尾村，原署在縣治東南八十里為官富寨。」《山水略》云：「虎頭山在官富九龍寨之北。」又阮《通志・海防略》二「新安縣」下云：「官富巡司在縣東南八十里，古官富場。宋景炎二年帝舟次此，後改為砦。明洪武三年置巡司，今遷赤尾村。」由上所引之「官富場」、「官富寨」、「官富九龍寨」及言「後改為砦」，觀其沿革，與距東、寶兩縣城之方向里數，實即太平洋戰爭前之「九龍城砦」。

據北佛堂摩崖題記，「古汴嚴益彰官是場，同三山何天覺來遊兩山」，末署「咸淳甲戌六月十五日書」，即度宗十年。是時嚴益彰任官富場鹽官，距離景炎二年四月，帝昰舟次官富場，僅先二年又十月。官富場鹽官可考者惟此人耳。

三、古墱與古塔

弘治《厓山殘集》云：「四月，帝舟次於廣之官富場。六月，帝舟次於廣之古塔。九月，帝舟次於廣之淺灣。」《二王本末》言「景炎帝趨於富場」，不記次「古塔」事。古塔所在，向來未詳。

陳伯陶《東莞志》謂「疑在官富場左右」，許地山亦言「待考」。
自北佛堂門咸淳甲戌嚴益彰摩崖發見，論者遂持以考釋古塔地
址，簡又文先生以嚴碑言及「南堂石塔」，因謂：

> 昔宋端宗由官富至淺灣所經之「古塔」，即今南佛堂門東
> 龍島之北端。當時船隊駛至此狹窄之海峽，泊於岸邊，惟以
> 「古石塔」標誌顯著，或有土人告以「古塔」之名，故記事者
> 遂大書「次於古塔」。但南望兩堂，皆荒山野嶺，不便駐居，
> 端宗等登岸休憩行走則有之，未必棄舟移居陸上也。[1]

然南北佛堂門一帶，皆荒山蔓草，來舟由官富場至淺灣，何以不
沿九龍半島北趨，而繞道南佛堂之古塔，此事頗難解釋，即簡君
亦無以自解。且南佛堂之「古塔」乃指建築物，尤不得謂為地名也。

今考元人記載，六月帝舟實次於「古壋」，而非「古塔」。黃
溍《陸君實傳後序》自注云：

> （景炎改元）明年正月，次梅蔚。四月移廣州境。次官富
> 場，六月，次古壋。九月，次淺灣。

黃氏此文見《金華黃先生文集》卷三，《四部叢刊》覆元刊本及景元
寫本字均作「古壋」，又《金華叢書・黃文獻公集》卷三亦同作「古
壋」。《厓山殘集》刻於明弘治間，在黃氏之後，故當以「古壋」一
地名為可信。《說文》：「壋，塗也。」《周語》：「陸阜陵壋。」韋注：
「溝上道也。」其作「古塔」者，如非別有所據，必「古壋」之形訛。

---

[1] 《蓽路考》。

查嘉慶《新安縣志‧輿地略》「都里」官富司管屬村莊有：

> 九龍寨　衙前村　蒲岡村　牛眠村　牛池灣　古瑾
> 村　九龍仔　長沙灣　尖沙頭　芒角村　土瓜灣　深水
> 莆　二黃店村⋯⋯

古瑾村位置在牛池灣、九龍仔之間。其字從玉作「瑾」[1]。據宋學鵬先生《劄記》云：

> （九龍）馬頭圍，即古瑾圍，昔名古瑾村，亦屬官富司，南宋時宗室趙氏居此，後遷今東莞縣。其地改市區後，村廢，村入口處原有石額，額曰「古瑾圍」，彼童年嘗往遊，猶及見之。

今據《填海錄》，實宜作「古墐」，作槿及瑾者，皆後來音訛。簡先生又云：

> 據村老言，距村不遠，舊有大石突出於山之一角，名曰馬頭角。山角下復有村，土人稱為馬頭角村，而別稱「古瑾圍」為「馬頭圍」，改市區後，馬頭角村亦廢。
> 另據某君言：今大嶼山石壁圍有馮姓，祖先原居馬頭圍，宋端宗移蹕他處，後即遷居於此，以避元兵。

馬頭圍即古瑾圍，乃《填海錄》記載端宗舟次之古墐。由某君言，大嶼山馮姓自端宗移蹕他處，即由古瑾遷居石壁，足見馬頭圍地

---

[1] 此據葉林豐先生藏嘉慶刊本，另一鈔本作「古槿」，從木。

端宗實曾駐蹕。自《厓山志》流行，粵東志乘家，但知宋帝駐古塔，而不復知駐「古墐」者矣，今得發正，亦一快事。

簡先生近因考證北佛堂咸淳嚴氏石刻，得見林姓族譜，內載林柏堅等立蓬宮於「南塘石榻」下，是為天后廟之始。簡君據此謂族譜之「南塘石榻」，乃南堂石塔，亦即嚴益彰碑中所記「建於大中祥符五年」之南堂石塔，因斷言此南佛堂，即《厓山志》帝駐舟次之「古塔」。然嚴碑、林譜，「石塔」均次於地名「南堂」之下，則石塔乃建築物，而非地名明甚。今知《填海錄》原作「古墐」，而「古墐村」、「古墐圍」皆有實地可指，又有故老傳說可證，則不必目建築物為地名。由此觀之，紙上材料之重要，固不在實物資料之下也。

陳伯陶侯王廟碑文後附記言：

> 《新安縣志》則云：土人因其址建上帝廟，今宋王臺之東南，村名二王殿，旁有上帝廟，後石址猶存，即其地也。

按：此為《新安志·勝跡略》引行朝錄文，原作「土人因其址建北帝廟」（今北帝街有北帝廟，乃後來所建者，詳簡氏《輋路考》），然今九龍露明道（原稱梨雲道）有「上帝古廟」（即太子道法國醫院之背），遺址堂構已毀，而門額尚存，即陳伯陶所言之上帝廟也。據云：此廟內壁間碑刻有「光緒二十二年丙申仲冬吉旦重修古墐圍信士某捐銀」字樣（今被拆毀）。所可知者，此上帝廟在古墐圍內，宋時古墐地當在此一帶，即帝昰駐蹕之所至也。故土瓜灣有迎聖駕之傳說，譚公廟（譚公道）內有宋王殿之匾額，而古墐村向時傳言，宋季宗室趙氏居此，後遷東莞，凡此皆古墐

有關之掌故。今據《填海錄》所記，古墣自是宋時地名，後人聚居於此，遂成古墣村，亦稱為古墣圍耳。

如上所述，官富場即舊九龍城砦，古墣應即宋王臺遺址及露明道馬頭圍一帶，兩地連接，相距不遠。何以《填海錄》謂四月次官富場，六月次古墣乎？以情勢論，疑行朝移動，初以政府設官之地為目標，故四月全部集於官富。但人員眾多，場地狹隘，房舍水汲，皆極不便，經過一二月之艱困，於是二帝及大臣乃分領一部移駐古墣，其大部戰鬥員兵則仍扼守官富，兩地呼吸相通，措置裕如，而帝舟則移次古墣矣。然則海濱宋王臺遺址，原與古墣接連，當繫於六月次古墣之後，而非四月次官富場時也。

四、淺灣（以上九龍境內）

《填海錄》云「九月次淺灣」，《厓山集》、《宋史新編》、《南宋書》均同。《宋史》：「丁丑十月元帥劉深以舟師攻昰於淺灣，昰走秀山。」

《張弘範墓誌》云：

> 十六年正月，入海道至廣州之厓山，宋人僑居海中，東西兩山對峙，其北舟膠於淺不得進，我師由山之東轉而南，入大洋始得相薄。彼碇舟千餘艘環列如城，上建樓櫓隱然一堅壁也。

文中所記「膠於淺不得進」之「淺」即指淺灣。

又乾隆九年天后廟內大鐘云「淺灣」。[1]

此淺灣據新安舒《志》云：「淺灣在縣南九十餘里。」又官富司所轄客籍村莊有淺灣之名——

城門　穿龍　淺灣　長沙涌　葵涌子　青衣

淺灣即今荃灣地。

宋學鵬記此地明末清初為「荃灣約」，後人改作「全灣約」。至淺灣附近有城門村，故老傳言宋末劉深來攻，鄉人築石城於此，以抗元兵。[2]清初，李萬榮奉南明永曆年號，於針山據石城抗清。城門村遺址余曾往踏勘，即城門水塘所在地。從前為山谷，稱曰城門谷，城門村即在城門河之上游，現已闢為水塘，舊跡不可考矣。（參看附圖八）

舊說或以淺灣為潮州南澳之錢澳[3]，實誤。因是時泉、漳、潮、惠已陷，元劉深且擁蒲壽庚之舟師來會於官富場，安得再北航千里，自投危險之地耶？[4]

自劉深舟師南下，帝遷秀山，從此以後，駐蹕所至，若秀山則在虎門，井澳則在香山，碙洲則在化州，並與九龍半島無關。

五、秀山

黃溍云：「十二月駐秀山，一名武山，一名虎頭山。」

---

[1]　《粵大記》地圖淺灣居於葵涌、欖涌之間，即今之荃灣。
[2]　參看簡又文先生所撰《二帝蹕路考》。
[3]　見乾隆潮州周《志》及南澳齊《志》。
[4]　詳拙纂《潮州志·大事志》。

按：「武山」名見《輿地紀勝》，余靖嘗候潮此處。

《廣東輿圖》云：「突起海中，前立虎門寨。」《厓山集》云：「十一月元劉深襲淺灣，張世傑討之，敗績，十二月世傑奉帝退保秀山。」《清一統志》：「秀山在東莞縣西南海中，接新安縣界，張世傑奉帝退保秀山，《明統志》謂之虎頭山，有大虎、小虎二山，俗號虎頭門。」元《經世大典》云：「又聞舟師至港口，為廣州官軍殺退，回在海內，有一山名秀山，又名武空山，山上民萬餘家，有一巨富者，昰買此人宅宇作殿闕，屯駐其兵，病死者甚多。」[1]《大典》記十二月十八日世傑戰敗事甚悉，又記其舟八百艘至虎頭山，中流壞溺。虎頭山即秀山也。東莞陳《志》卷六「虎頭山」條引證甚詳。

六、井澳　謝女峽

《宋史·二王紀》云：「十二月丙子，昰至井澳，颶風壞舟，幾溺死，遂成疾，旬餘，諸兵士始稍稍來集，死者十四五。丁丑，劉深追昰至七州洋，執俞如珪以歸。」黃溍自注云：「遇風之日，新史以為丙子，《填海錄》以為丙寅。」

按：元《經世大典》紀獲俞如珪為廿三日，知丁丑為廿三，丙子為廿二，丙寅為十二。《二王紀》已云「旬餘兵始來集」，則十二日遇風散亂，其陸續來集者，經過逾旬始能收容也。《大典》又載十八日後廿三日前「與世傑軍遇於香山，俘其將吏李茂等，茂對：比至虎頭山，中流為風壞船」。可證遇風之時在廿二日丙

---

[1] 《厓山志》言「帝駐秀山，山上有民萬餘家」，即鈔《大典》語。

子之前，而其地尚在中流；所謂遇世傑軍於香山，乃香山縣境，疑即颶後之收容地也。如云廿二日丙子颶作，則兩軍皆同遇颶，何以劉深能於翌日即追入七洲洋，而昰又安得有旬日以集諸兵士耶？故遇颶為一事，應以《填海錄》所記丙寅十二日為正，其後帝昰於丙子至井澳為又一事，《宋史‧二王紀》於此兩事似有誤混。

《厓山集》云：

> 十二月，世傑奉帝退保秀山，尋移井澳。丙子，颶風大作，舟敗幾溺，帝遂得驚悸疾⋯⋯劉深復襲井澳，張世傑戰卻之，陳宜中次占城，帝舟次於謝女峽。丁丑，劉深追至七星洋。

《二王本末》云：

> 十一月⋯⋯大軍至，次仙澳，與戰得利，尋望南去，止硐洲⋯⋯十二月，景炎帝舟遷於謝女峽，陳宜中捩舵之占城。

然丙子與丁丑相隔只一日，如《厓山集》所言：丁丑至七星洋，而丙子在井澳，又次謝女峽，是為同日之事。乃黃淳重修《厓山志》既於十二月記「帝舟遷於謝女峽，劉深追至七洲洋」，又於戊寅景炎三年春正月書「帝在謝女峽」，此條各書所無，《南宋書》亦不載，殆黃淳所增。[1] 井澳即仙女澳，如與謝女峽為兩地，則不宜相去太遠。

---

[1]《廣東方志》據之而未細察其與《厓山集》不合。

　　考《方輿紀要》一百一「井澳」條下云「景炎二年元將襲井澳，帝至謝女峽，復入海至七洲洋，欲往占城，不果」，又云：「謝女峽，一名女澳，亦在（香山）縣境。」《通鑑輯覽》於「謝女峽」下亦言「一名仙女澳」，《清一統志》「橫琴山」下云：「在香山縣南二百里海中，二山相連，東曰小橫琴，西曰大橫琴。下有井澳，亦名仙女澳。《宋史》景炎二年，帝舟入海至仙女澳，風颶，舟敗幾溺，又馬南寶起兵井澳，即此。」是謝女峽即仙女澳之別名，亦與井澳為同一地也。仙女澳亦稱仙女灣，吳萊詩云「置陣移官港，惟宮泊女灣」是也。

　　仙女澳所以得名，乃因陳仁嬌事，《香山志》七《仙釋》云：

　　　　唐陳仁嬌，漢廷尉臨之後也⋯⋯嘗夢為逍遙遊，餐丹霞，飲玉液，至八月十五日丙夜，忽有神仙數百從空招之⋯⋯有儔侶五人⋯⋯相與飛至深井，踏石而歌明月，漁人見之，須臾凌空而去，石上留屐痕焉，人號其地為「仙女澳」。

香山黃志《山川略》則分仙女澳與雙女坑為二地，其言云：

　　　　小橫琴山下有雙女坑（原注，按疑即謝女峽）。舊志：樵夫見二女溪上，就視之化雙鯉。深井山即仙女澳也，亦名井澳，在橫琴下，宋端宗御舟嘗至此。

又按語云：

　　　　雙女坑在小橫琴山，仙女澳在大橫琴下之深井山，事跡不同（注仙女謂陳仁嬌）；大小橫琴雖曰相連，實東西相距也。

是井澳與謝女峽雖異地而實相連，故同日可達，一在大橫琴，一在小橫琴，故易混而為一。

```
井澳 ── 仙女澳              謝女峽
  ‖        ‖                  ‖
深井山   仙女灣 ── 女灣        雙女坑
 在大橫琴下                  在小橫琴山
```

《二王本末》「大軍至，次井澳」一段，鈔自文文山《集杜詩》；乃插入十一月間，又置於「帝舟遷於謝女峽」之前；勘諸黃溍自注[1]，時地未合，殆重編者所亂。

知謝女峽與仙女澳地實相連，觀文文山《集杜詩》陳宜中第四十「丁丑冬御舟自謝女峽歸碙川」句，乃可獲證實；衡之黃溍自注，即指帝自仙女澳至七洲洋，欲往占城不果，遂駐碙州鎮之事也。

七、碙洲及宋王村（以上九龍以外）

碙洲所在，宋元以後，均言地在化州。鄧光薦《文丞相傳》云：「化州之碙洲」。周密《癸辛雜識》注云「碙州在雷州」，足證其地應在雷化間，非如陳伯陶、許地山等謂在香港之大嶼山也。黃溍《陸君實傳後敍》（即《番禺客語》）亦云：

　　　明年，南遷化之碙州。

其自注云：

---

[1] 引《填海錄》。

> （御舟）入海，至七州洋，欲往占城，不果，遂駐碙州
> 鎮。碙州屹立海中，當南北道，隸化州，見新史（按：指《宋
> 史》）及《填海錄》。

此則稱之曰碙洲鎮，與《太平寰宇記》所載碙洲，宋置水寨於此，
正相符合。

又鄭所南《心史》，謂景炎崩於南恩州界。王邦采注吳萊《淵
穎集》，引《填海錄》云：「端宗避元，舟次碙洲而崩。」碙洲與
南恩州地正相近。余前論碙洲非大嶼山，應在化州，曾舉八事為
證，今復得《填海錄》及《客語》，又獲兩證矣。蓋宋元人之書，
除被竄改之《二王本末》外，無不主在化州者。總括而言，有三
種不同來源：一為海上遺臣鄧光薦之《續宋書・祥興本紀》、《文
丞相傳》及《填海錄》，蓋本陸秀夫日記；一為周密之據姜大成
說，又一為黃溍之據《番禺客語》，眾說皆符合。若《二王本末》
自元皇慶以來，流傳頗廣，顧其書不為人所重，故《厓山志》不
取其說，仍依黃溍，大書「化之碙洲」，明人仍之無異辭。至清黃
培芳再撫拾《二王本末》，以非成說，殊乏史識，可謂昧其淵源，
而失於別擇者矣。

趙氏宗親會理事趙民治先生語余云：彼曩者長湛江航政，
嘗南至硇州，該小島屬湛江市治，位於海口，波濤兇惡，航海戒
心。現有人口不滿二萬，因宋帝曾駐蹕於此，至今猶有「宋王村」
之名，民間尚流傳宋帝播遷之故事云。按硇州島之有「宋王村」，
與九龍之有「二王村」、「宋王臺」，同因宋帝行在所而得名；若
大嶼山未聞有此類遺跡，且地理書記「大奚山」者，絕未見言及
二王行蹤，以此具見碙洲應即化州之硇州，為不可易之事實。

肆　論官富場原屬海南鹽柵兼論其宋以前之地理沿革

一、官富場在北宋時屬海南鹽柵

官富場創置年代，向來未能質言。《宋史》九十《地理志》六廣南東路東莞縣下云：「有桂角等二銀場，靜康等三鹽場，海南、黃田等三鹽柵。」《元豐九域志》九云：「東莞縣一鄉有靜康、大寧、東莞三鹽場，海南、黃田、歸德三鹽柵。」是北宋元豐間尚未有官富場之名。《清一統志》福德鹽場下云：「海南場在大奚山，今廢。」則未設官富場之前，大奚山至九龍一帶原屬海南場，或有一部分屬東莞場也。

《宋會要·食貨鹽法篇》於廣南東路各鹽場頗有珍貴記載，茲輯其有關資料如下：

> （1）東莞縣一千三十七貫一百九十五文。[1]
>
> （2）靜康、大寧、海南場三萬三千五百二十八石三斗四升，東莞場三萬一千二百四十八石，香山、金斗場一萬一千五百石，廣田場七千石，歸德場二萬四千九百十八石，疊福場一萬五千石，都斛場五千六百石，矬峒場八千五百石，海晏、懷寧場一萬八千八百三十石。[2]

---

[1] 《會要輯稿》，一三二冊，5175頁。

[2] 《輯稿》一三二冊，5182頁，此條自注云：「以上《中興會要》則為高宗南渡後之數字。據《九域志》，海晏、懷寧、都斛、矬峒、金斗各場，屬新會縣。」

（3）（紹興十二年）五月六日戶部言兩廣鹽……其逐州鹽倉，並廣州靜康、大寧、海南柵、歸德柵、潮、惠、南恩州鹽場，專係支遣客鈔。[1]

（4）（紹興三十年五月）二十八日廣東提鹽司言：秉義郎（官名）高立前監廣州靜康、大寧、海南三鹽場任內專典，宋初招置到鹽戶莫演等六十二名，灶六十二眼，乞推賞事。[2]

（5）（隆興二年）十一月十五日提舉廣東茶鹽司言：廣州博勞場、官富場，潮州惠來場，南恩州海陵場，各係僻遠，所產鹽貨微薄，所收課利不足以充鹽官俸給；今欲將四場廢罷，撥附鄰近鹽場所管內；廣州博勞場撥附海晏，官富撥附疊福場……從之。[3]

按：《宋會要》中「官富場」名首見於是，據此，當孝宗隆興二年前已有官富場之設，至是乃撥附疊福場。惟考上舉《中興會要》所記廣南各鹽場甚備，除海南場外有疊福場（大鵬城附近今猶有疊福地名），尚無官富場，可以推知官富場之增設，必在高宗紹興晚期，不過隆興以前十餘年間事耳。

又據《會要》，紹興三十年書前監靜康、海南鹽官名，有高立其人，此則嚴益彰以前鹽官之可考者。

[1]《輯稿》一三四冊，5247 頁。
[2]《輯稿》一三四冊，5257 頁。
[3]《輯稿》一三四冊，5263 頁。

附　論大奚山禁私鹽之始

大奚山鹽產，北宋以來原為海南鹽柵所轄，南宋時私梟日熾，淳熙間屢申禁令，《宋會要》云：

> （淳熙十年）五月二十九詔：大奚山私鹽大盛，令廣東帥臣遵依節次已降指揮，常切督責彈壓官並澳長等，嚴行禁約，毋得依前停着逃亡等人販賣私鹽，如有違犯，除犯人依條施行外，仰本司將彈壓官並澳長船主，具申尚書省，取旨施行，仍出榜曉諭。以廣州市布衣客寅上書吉（告）大奚山私販之弊，故有是命。[1]

> （十二年）二月十二日詔：廣東水軍統領兼以巡察海道私鹽帶銜，每考批書，必會鹽司，有無透漏縱容大奚山私販事節，方與放行，如有捕獲私鹽數目，卻與依格推賞。從臣僚請也。[2]

由上列資料，南宋臣僚注意大嶼山私梟之始，應在十年，其頒禁之由，乃緣廣州布衣客寅上書陳言，此段故實，人所忽略，故為揭出。

大奚山著名事跡見於正史，為慶元三年徐安國平鹽梟事，載在《寧宗本紀》，王象之《輿地紀勝》述之尤詳。又云見《建炎朝野雜記》，然細查原書甲、乙集，均無此條。又阮《通志》二一二《金石略》，有慶元四年尚書省牒，即書摧鋒水軍平大奚山寇事，可補史乘之不足。

---

[1] 《輯稿》一三五冊，5288 頁。
[2] 《輯稿》一三五冊，5291 頁。

二、南宋以前官富場之地理沿革

九龍半島一帶，南宋時稱官富場。官富場之名，初見於《宋會要》，自宋端宗駐蹕而名益著，其後或謂之官富鎮，官富砦。[1] 趙宋以前，隸屬寶安縣，其地理沿革，向無專文考證，新安舒志沿革頗嫌簡略，東莞陳志則加詳矣。茲則取其與九龍有關者，及清以來學者補撰之地理志，重為考論如次：

秦　屬南海郡

漢　屬南海郡番禺縣

按：寶安置縣，始於晉咸和六年。至未分出時，屬於何縣？向有三說：

（一）屬南海縣。《太平寰宇記》一五七東莞縣下引《南越志》云：「水東流入海，帆道二日至東莞，漢順帝時，屬南海縣地。」[2]《輿地紀勝》八十九引亦作「屬南海縣地」，然東漢有南海郡無南海縣，故東莞陳志引此作「屬南海郡」是也。

（二）屬博羅縣。《元和郡縣志》三十五：「東莞縣本漢博羅縣地，晉成帝咸和六年於此置寶安縣，屬東莞郡。」嘉慶《一統志》、《新安志》、道光《廣東通志·沿革》、《廣州府志·古跡》，皆採是說。清陳芳績《東晉南北朝輿地表》（年表卷二）云：「咸和六年分廣州南海之博羅置寶安。」同書（郡縣表卷一二）博羅下云：「東晉成帝咸和六年，改置寶安縣，立東官郡，領寶安等。」亦用《元和志》說。

---

[1]《方輿紀要》一百一：「官富鎮即官富場也，今有官富巡司，《志》云：本官富寨，洪武三年改。」

[2] 此《南越志》為劉宋吳興沈懷遠撰，見《書錄解題》。

（三）屬番禺縣。明《一統志》七十九東莞縣下云：「本番禺縣地，晉成帝始置寶安縣，屬東官郡。」《方輿紀要》一百一：「東莞縣，本番禺縣地。晉咸和六年，析置寶安縣。」洪孫《補梁疆域志》並從是說，東莞陳志引張志云：「漢南海郡領縣六，邑於時地屬番禺。」又云：「彭志，莞地漢屬番禺，蓋本之舊志」。

漢時南海郡番禺六縣之置，始於武帝元鼎六年，《漢書‧地理志》言番禺有鹽官，《文獻通考》紀武帝元封元年置鹽官凡二十八郡，其一為南海郡番禺，故吳因之有司鹽都尉之設。陳伯陶云：「漢時番禺鹽官即設於今之莞地，云漢屬番禺，亦自有據，蓋莞之西北為漢博羅地，而其東南則漢番禺地也。」（《東莞志‧沿革》）故從「鹽官」論之，九龍一帶漢時可屬番禺，自李鄭屋村發現古墓，其墓磚有「大吉番禺」四字，又正可為此地漢時屬番禺縣之證。又杜佑《通典》一八四云：「增城，漢番禺縣地，吳置東莞郡於此。」是三國已有東莞郡，乃分漢番禺縣地而置者，此殆明《一統志》及《方輿紀要》之所本也，則東莞漢為番禺縣地，可無疑焉。

三國吳　黃武中　屬東莞郡

見前引《通典》。《寰宇記》云：「增城縣，漢番禺縣地，吳黃武中於此置東郡，而立增城縣。」王象之《輿地紀勝》以為「東郡即東莞郡」。陳伯陶言：樂史此文，蓋出於《通典》，東郡當作東莞郡，鈔寫者脫「莞」字也。則東莞之名郡，實始於吳矣，舊志以為晉始置東官郡，非也。由是言之，三國、晉以前，九龍地原屬番禺。今觀李鄭屋村發見古墓，據墓中明器形制，及墓製磚文字體，俱可定其年代為漢。[1]其墓磚不稱「寶安」，不稱「東

---

[1]　林仰山教授有詳細發掘報告。

官」，而云「番禺」，可斷在吳、晉以前。磚文又有「大治曆」三字，竊謂「治曆」即爾雅之「艾歷」，方言之「裔歷」，亦漢代之成語也，說見附篇《大治曆試解》。

甘露元年　屬司鹽都尉

東莞張志：「吳甘露間，始置司鹽都尉於東官場。」

金兆豐校補《三國疆域志》：「番禺下有寶安城云：本東官鹽場，吳甘露二年，置司鹽都尉於此。」

按：《太平寰宇記》一百五七「東莞縣」下云：「吳孫皓以甘露元年置始興郡，以其地置司鹽都尉，晉立東莞郡。隋為寶安縣。」又一百五十七「東官郡故城」條：「《郡國志》云：東官郡有蕪城，即吳時司監都尉壘。」[1]

《清一統志》：「東莞鹽場，在新安縣東，《縣志》：東莞場舊在縣南門外，即晉初司鹽都尉治也。今移城東。」

按：《三國志·吳志》：交州刺史陸胤，以「州治臨海，海流秋鹹，胤又畜水，民得甘食」（卷六十一《陸凱附傳》）。其所引甘水，即所謂蒲澗水也。蓋海水鹹，曬鹽至便，其番禺自漢以來設有鹽官，吳因之立司鹽都尉，猶後來之鹽場大使也。

惟司鹽都尉或作「司監」，兩字形近易誤，《宋書·州郡志》云「東官太守，何志；故司監都尉，晉成帝立為郡」。[2] 洪亮吉《東晉疆域志》徑從《寰宇記》改作「司鹽」。阮《通志》二一六《古跡略》「東莞故城」條下云「當作司監」，《廣州府志》從之。按《宋書》州郡所記司鹽都尉非一處，如「南沙令」下亦云：「本吳司鹽都尉署……晉成帝咸康七年，罷鹽署立以為南沙縣。」以是為例，

---

[1] 《輿地紀勝》八九引作「司鹽」。

[2] 北宋監本《宋書》亦作「司監」，此條成孺《宋書·州郡志校記》未勘正。

故知當作「司鹽都尉」為是，阮志說非。至沈約所據書之何志，即指何承天所著者。考《宋書·州郡志》、《南齊書·百官志》屢引何志、徐志，即謂何承天及徐爰所著《宋書》，何書作於元嘉中，徐書則成於大明六年也。[1]

　　西晉　屬南海郡

　　《晉書·地理志》：南海郡統縣六，有番禺、博羅，此未知屬於何縣。

　　東晉　屬東官郡寶安縣

　　《宋書·州郡志》：東官郡下引《廣州記》：「晉成帝咸和六年，分南海立。」有寶安縣。王隱《晉書地道記》稱「廣州東官郡」（畢沅輯本）。

　　《太平寰宇記》：「東官故城，晉義熙中置，以保安縣屬焉。多蚶蠣石砝海月香螺龜。」此則「寶安」字作「保安」。明《一統志》：「東官城在東莞縣。晉義熙中置東官郡，以寶安縣屬焉。」按東官郡已在咸和六年立，此稱義熙中置，似誤以建城之年為立郡之年。

　　元祐李岩《東莞縣令題名記》云：「晉成帝析南海置東莞郡，其地在東莞場公宇東二百步，頹垣斷塹，猶有存者。」

　　按：《嶺海見聞》記：大奚山三十六嶼，在莞邑海中，水邊岩穴居民，係晉海盜盧循遺種，則似盧循逃眾，曾至大嶼山也。

　　宋　屬東官郡寶安縣[2]

　　武帝永初時，曾置「寶安男相」（汪士鐸《南北史補志》作「寶安男國」），九龍疑屬其地。

---

[1]　參《史通·正史》及章宗源《隋書經籍志考證》。

[2]　見《宋書·郡州志》。

齊　屬東官郡寶安縣 [1]

梁　屬廣州東官郡寶安縣。[2]

陳　屬廣州東官郡寶安縣

臧氏《補陳疆域志》:「寶安,《方輿紀要》,晉咸和六年分番禺縣地置。《陳書‧到仲舉傳》:(文帝)天嘉元年封寶安縣侯。」(《列傳》十四)

隋　屬廣州寶安縣 [3]

《元和郡縣圖志》三十四:「(晉)置寶安縣,屬東莞郡。開皇十年,廢郡,以(寶安)縣屬廣州。」則開皇間廢去東莞郡。

《隋書‧地理志》:南海郡統縣十五,下有「寶安」。

按:《元和志》:「大業三年,罷州為南海郡。」則此屬南海郡者,乃大業以後之事。至元壽元年置番州,蓋避太子廣之諱。[4]

唐　唐初屬廣州寶安縣

武德四年平蕭銑,置廣州總管府,領縣五,有寶安。

《新唐書‧地理志上》「南海郡」下云:「有府二:曰綏南、番禺。(此即折衝府)有經略軍,屯門鎮兵。」又引貞元宰相賈耽《考方域道里》云:「廣州東南海行二百里,至屯門山。乃帆風西行二日,至九州石。」

顧祖禹《方輿紀要》一百一「杯渡山」條下引《紀事》云:「東莞南頭城,古之屯門鎮,乃中路也。一云:南頭城東南路二百里,至屯門。唐置屯門鎮兵,以防海寇。天寶二載,海賊吳令光

---

[1] 見《南齊書‧州郡志》。

[2] 見洪氏《補梁疆域志》。

[3] 廣州於仁壽元年改稱番州,大業三年罷州,屬南海郡。

[4] 見《輿地紀勝》。

作亂，南海群守劉巨麟，以屯門鎮兵討平之。宋亦置營壘於此。」

按：南頭即今寶安縣，去屯門不遠。《紀要》「三門海」條引舊志：「縣境海道之備有南頭、屯門、雞棲、佛堂門⋯⋯等澳，皆有哨兵戍守。」則南頭與屯門應為兩地。天寶時，平海寇徵用屯門兵，足見屯門設鎮，早在其前。劉巨麟應作「劉巨鱗」，《冊府元龜》作「劉鱗」。其平吳令光事蓋在天寶三載，見新、舊《唐書‧玄宗紀》及《通鑒》二一五。[1]屯門事，羅香林先生有詳細考證，茲不贅。

屯門山即杯渡山。明《一統志》七八：「杯渡山在東莞縣南一百九十里，上有滴水巖，一名屯門山。唐韓愈詩『屯門雖云高，亦映波浪沒』即此。」滴水巖為青山，枕近大海，自唐以來即為海舶必經之地。唐人詩記屯門者，昌黎以外，又有劉夢得之《踏潮歌》。（見《文集》卷九《樂府》，其句云：「屯門積日無迴飆，滄波不歸成踏潮。」考「踏潮」亦作「沓潮」，《嶺南叢述》引王德瑮《番禺記》云：「晨潮下，晚潮上。兩水相合，謂之沓潮。」又《粵中見聞》云：「番禺之鄉，朝潮未消，暮潮未消，暮潮乘之，駕以終風，前後相疊，海水為之沸溢，是曰沓潮——水重沓也。」此即「沓潮」之義）

肅宗至德二載，取舊郡名，改寶安為東莞。

《新唐書‧地理志》：「東莞本寶安，至德二載更名。有鹽，有黃嶺山。」

《元和郡縣圖志》：「（寶安），至德二年，改為東莞縣，取舊郡名也。」

---

[1]　鱗於天寶八載坐贓誅死，見《玄宗紀》，及阮《通志》前事略。《新唐書‧地理志》南海下云：「山峻水深，民不井汲，都督劉巨麟始鑿井四。」字又作「麟」。

五代南漢　屬興王府東莞縣

《南漢・地理志》云：興王府本廣州，（劉岩）乾亨元年，改為興王府。領縣十三，有東莞。大寶元年，於東莞縣置屯門鎮。[1]

十二年（宋開寶二年）二月十八日，封屯門山為瑞應山，有碑。

宋蔣之奇《杯渡山詩序》：「屯門即杯渡山也，舊有軍寨，在北之麓，今捕盜廨之東，有偽大寶十二年己巳歲二月二十八偽封瑞應山勒碑在焉，榜文刻漢乾和十二年歲次甲寅，關翊衞副指揮同知屯門鎮，檢點防遏右靖海都巡陳延……」此為九龍最古之石刻，惜不可見。

南漢又置媚川都於此。

清《一統志》：「媚川都在新安縣南。《輿地紀勝》：東莞縣有媚川都，南漢置，凡隸三千人，入海採珠，開寶元年詔廢之。」

《宋會要輯稿》一四二冊「禁珠玉」條：詔廢媚川都，籍其少壯者千餘人，立為靜江軍，事在開寶五年五月。又言：先是劉鋹據嶺南，於其管內海門鎮招置兵士二千餘人，目為媚川都。此事又見北宋王闢之《澠水燕談錄》[2]，作「置兵八千人」，人數略異。按媚川二字出陸機《文賦》「水懷珠而川媚」。

北宋　開寶五年，屬增城縣；六年，復屬東莞

李攸《宋朝事實》十九：「（廣州，開寶五年）省東莞縣入增城縣。六年復置東莞。」[3]

王中行淳熙（十二年）《東莞縣令舊題名記》云：「（縣），宋

---

[1]　東莞陳志。

[2]　卷九，《雜錄》。

[3]　又《輿地紀勝》引《國朝會要》。

開寶五年廢，隸增城，六年復置……鹵地邑有八，曩兼提舉鹽場公事，繼曰管幹，今不復繫，惟番舶仍護之。」[1]

附　古墓磚文「大治曆」試解

李鄭屋村古墓發見磚文，一曰「大吉番禺」，一曰「大治曆」。「大治曆」意義向不易解。「治曆」二字，原見《易·革卦·象傳》「君子以治曆明時」，《漢書·律曆志》云「募治曆者，更造密度」，「選治曆鄧平」，治曆乃指治理曆法而言；今乃見之墓葬中，除非墓中人乃治曆之官，然上冠「大」字，仍不甚可解。

余謂「治曆」二字應從假借以通其義。曆與歷、厤諸字皆通[2]，《說文》厂部：「厤，治也。」秝部：「秝，稀疏適秝也，讀若歷。」段注厤下云：「調也，凡均調謂之適歷。」朱駿聲謂「適秝者，疊韻連語，均勻之貌」。是厤有調和之義。厤本訓治，則治厤乃同義辭也。

治與乂、艾古亦通。《爾雅·釋詁》：「乂，治也。」《周書·諡法》：「乂，治也。」故《堯典》「俾乂」《史記》作「使治」，《封禪書》「天下乂安」，一作艾安，即治安也。古成語有「艾歷」一辭，《爾雅·釋詁》一：「艾歷、覛胥，相也。」「艾歷」又作「裔歷」，《方言》十三：「裔歷，相也。」相本訓「治」，《小爾雅》云：「相，治也。」[3] 艾與歷亦互訓，故《爾雅釋詁》：「艾，歷也。」艾即乂，「乂」訓「治」，「相」亦訓「治」，「艾歷」訓「相」，亦即

---

[1]　東莞陳志九十。

[2]　參《辭通》十二·《錫》。

[3]　《左》昭九年傳「楚所相也」，相亦訓「治」。

治也。是知磚文之「治曆」，即《爾雅》之「艾歷」，《方言》之「裔歷」，實一語而異文，此漢代成語之存於邊裔者也。[1]

是知「治曆」與「艾歷」相同，乃古聯綿字，與「裔歷」、「適麻」並同一語源，上益「大」字曰「大治曆」者，如言「大吉利」、「大吉年」之類。古磚上文字多祝福之辭，祝子孫吉利，則曰「大吉利，長壽貴安樂」，祝世平安者則如「（太康九年）歲戊申，世安平」。此李鄭屋村墓磚文曰「大治曆」，取義於長治久安，亦祝世太平之語也。

---

[1] 郝懿行云：《爾雅》：艾，長也，長率治理，亦艾訓「相」之證。

伍 論碙洲非大嶼山

碙洲為趙宋於厓山覆滅前最後之行都，端宗駕崩於是，祥興帝登極於是，其地去雷州不遠，向來史家，皆謂在化州吳川縣南海中，元明以來，相承無異辭。惟粵人志乘若黃培芳（道光二一年）《新會縣志》（《事略》上）、（道光八年）《香山縣志》（卷八《事略》）、戴肇辰（光緒五年）《廣州府志》、譚鑛（光緒三四年）《新會縣鄉土志》、陳伯陶（宣統三年）《東莞縣志》（卷三十《前事略》二），乃據陳仲微《二王本末》及吳萊語，謂碙洲即香港之大嶼山。

日人伊東忠太及許地山先生並從是說。[1] 談香港史多據以立論，余竊疑之。比者簡又文教授輯《宋皇臺紀念集》，撰《宋末二帝南遷輦路考》，亦主碙洲為大嶼山說。去年八月中旬，余自義大利東歸，訪君於寅圃，余語碙洲仍以舊說在化州為正，因吳萊未至廣東，陳仲微書多經竄亂，俱不足信。君曰盍為文論究其實，以免相沿訛誤。余感君虛懷若谷，遂忘其疏陋，盡數日之力，鉤稽史志，撰為此篇，藉酬君之雅意焉。

一、碙洲應在化州證

碙洲應在化州吳川海中，其證有八：

---

[1] 關於厓山演講見《史學雜誌》二十四卷第九號，大正二年九月；許先生見《香港與九龍租借地史探略》，《廣東文物》卷六。

（一）硇洲地名見於北宋

論者謂化州所屬，僅有硇州而無碙州（洲），硇碙與異字，非同一地名。

按：化州之碙州，北宋初已有之。《太平寰宇記》云：

> （化州）東南至碙洲，抵大海二百二十里。
>
> （雷州）東至海岸二十里，渡小海抵化洲界，地名碙州，泛海通恩、廣等州。（又）東南一百四十里至海，泛海入瓊。[1]

明天順修《一統志》（高州府）下（據萬壽堂刊本），記碙州有關地名，至為詳悉。

> 碙洲，在吳川縣南一百四十里，屹立海中，當南北道，乃雷化犬牙處，宋末端宗嘗駐此。
>
> 碙州寨，在吳川縣南四都。
>
> 碙州塔，在吳川縣南一百二十里，元大德中建。[2]
>
> 廢翔龍縣，在碙洲，宋末益王遷廣，為元兵所追，駐於此。又明年崩，衛王襲位，是日黃龍見海上，群臣皆賀，乃升其地為翔龍縣。[3]

《讀史方輿紀要》一百四「吳川縣」下云：

> 碙洲，在縣南大海中，宋置碙洲寨，後為翔龍縣。
>
> 翔龍廢縣，在縣南四百十里碙洲上。洲屹立海中，當

---

[1] 乾隆南昌萬廷蘭校刊本。卷一百六十七，卷一百六十九。

[2] 元劉耿陽有《碙洲塔詩》，見《高州志》十六。

[3] 《高州府志》卷三《古跡》略同。

南北道，為雷化犬牙處。宋景炎二年，帝自七洲洋還，駐碙洲，旋崩。弟衞王昺立，升碙洲為翔龍縣，即此。

故《清一統志》云：「碙洲，在吳川縣南一百里（碙一作硇）當海中南北道，乃雷化犬牙相錯處。」引《寰宇記》，又引《續通鑑綱目》：「景炎二年，帝往居占城，不果，遂駐碙洲。」又同書「關隘」條云：

> 碙（一作硇）洲鎮，在吳州縣南一百里碙州上，明初置。

《高州府志》「海防」條云：

> 碙洲營，在吳川縣南大海中，宋置碙洲砦。

「關隘」條云：

> 碙洲鎮，在縣南一百里碙洲上，明初置。

證之《寰宇記》，宋時於碙洲設鎮，其地為海防要塞，原非荒島，宋帝移駐此間，正有其軍事意義，非偶然也。[1]

（二）鄧光薦記化州之碙州升祥龍縣說實可信

鄧氏撰《文丞相傳》云：

> 五月，公始聞端宗皇帝晏駕於化州之碙州。今上即位，初三日，碙州神龍見祥，臣庶咸睹，合議優異，碙州可升為

---

[1] 參看黃安濤《高州府志》卷六《海防》。

祥龍縣,置令丞簿尉,隸化州,免租稅諸色和糴五年。[1]

鄧氏此《傳》,初則曰「化州之碙州」,再則曰「升為祥龍縣,隸化州」,則此碙州在化州明甚。考帝昰自井澳移駐碙州,本欲往占城而不果。《宋史·二王紀》云:

> 昰欲往居占城,不果,遂駐碙洲。

明弘治刊本《厓山集》[2]「少帝」條云:

> 帝舟次於化之碙洲。

亦明載化之碙州,此語下注引《填海錄》云:

> 井澳風大作,舟敗幾溺,復入海至七洲洋,欲往占城,不果,遂駐碙州。

《填海錄》一書,乃鄧光薦家中所傳。光薦書二帝事,乃本之陸秀夫日記,《填海錄》即採自陸秀夫所記者也。

按:帝昰自碙洲移厓山,光薦既隨駕至厓山,亦身歷海上之役,又得陸秀夫所記二王事實,不應於碙州所在,茫昧無所知,其為《文丞相傳》,稱帝昰為今上,其書升化州之碙州為翔龍縣事甚詳悉,自屬第一手材料,最為可信。

(三)由王用語,證碙州地近雷州

《新元史》一六〇《忙兀台傳》云:

---

[1] 《文山集·紀年錄》引。
[2] 《厓山集》為《涵芬樓祕笈》(第四集)本。

降將王用言：「宋主昰已死，張世傑等復立其弟昺於碙洲，其地無糧儲，聞瓊州宋將欲運糧一萬石，海道灘水淺急難運，止有咨磊浦可通舟。」忙兀台聞其言，即命諸將以兵守之，由是世傑眾飢困，遂敗死。[1]

按：《厓山集》「少帝」條云：

四月戊辰，帝崩於碙洲……庚申（陸秀夫）乃與張世傑等立衛王為皇帝……五月癸未朔，改元祥興。乙酉，升碙洲為翔龍縣。元史格（字晉明）襲雷州，曾淵子還碙洲。遣瓊州安撫張應科及王用取雷州，應科三戰皆不利，用叛降於元。六月丁巳，應科再戰（雷州），遂死之，知高州李象祖叛降元。張世傑以雷州既失守，而六軍所泊居雷化犬牙處，非善計，厓山在大海中……中有一港可以藏舟，遂以己未發碙洲，乙亥至厓門駐蹕。

由上知初移駐碙洲時，高州、瓊州、雷州尚為宋有，至五月始失雷州，展開爭奪戰而不利，王用即於是月降元。是王用乃親身參與戰役，其言碙洲通瓊州，賴咨磊浦可以運糧供給，此語最可注意。[2] 咨磊浦者，本稱沓磊浦。《清一統志》云：

沓磊驛，在徐聞縣東南二十里，海安所城中，其南有沓磊浦。[3]

_____

[1] 《元史·忙兀台傳》所無，此蓋鈔《經世大典》。
[2] 《厓山集》言碙洲在「雷化犬牙處」一語，蓋用黃溍《客語》，詳下。
[3] 「雷州府·關隘」條。

又於雷州「海」條引《府志》云：

> 南至踏磊海岸二百里，接瓊州府瓊山縣界。

《圖書集成・雷州・山川》條：

> 觀濤嶺，在城東南十里踏磊驛背，山高三丈，周圍一里。

元范德機有《登杳磊驛樓自此度海詩》云：

> 半生長以客為家，罷直初來瀚海查。始信人間行不盡，天涯更復有天涯。[1]

其「踏」字作「杳」，知《新元史》「杳磊」即「杳磊」形訛。[2]

杳磊浦為硇洲與瓊州交通要害，地在徐聞東南，則硇洲正在雷化犬牙處，毫無疑者。

（四）由曾淵子督府雷州，證硇洲應在化州

文天祥《集杜》「曾淵子第四十四」云：

> 曾淵子元，貶雷州，御舟南巡，復與政事。厓山之敗，曾欲赴水。

《圖書集成・雷州紀事》：

---

[1] 《四部叢刊》影鈔本《范德機詩集》六。
[2] 畢沅《續通鑒》亦作「杳磊」，《新會志事略》據《經世大典》訂正作「杳磊」是也。

　　祥興元年，元將史格克雷州，據之。曾淵子自雷奔行
在，時宋帝舟泊碙洲⋯⋯張世傑遣師討雷，不克。

弘治本《厓山集》「少帝」條云：

　　帝舟次於化之碙洲，曾淵子自謫籍來，以為觀文閣學
士、參知政事、廣西宣諭使，開督府於雷州⋯⋯五月⋯⋯元
史格襲雷州，曾淵子還碙洲。

姚燧《牧庵集》十六《平章政事史公（格）神道碑》云：

　　曾淵子以參政開督雷州，公再諭降不可，進兵逼之，淵
子奔碙洲。

　　所記與《厓山集》合。知史格未進兵雷州之前，曾淵子實開
督府於雷州，淵子先在雷州，故得奔碙洲之行在，及雷州失守，
遂即退還碙洲，知此碙洲非在雷化犬牙處莫屬，若在香港之大奚
山，千里而遙，淵子何從而至行在參與政事耶？

（五）由井澳遷碙洲，乃欲往占城，證碙洲當在化州

《宋史・陳宜中傳》[1]云：

　　益王立，復以為左丞相。井澳之敗，宜中欲奉王走占
城，乃先如占城諭意，度事不可為，遂不反。二王累使召
之，終不至。

---

[1]　《列傳》卷一七七。

文山《集杜詩》「陳宜中第四十」云：

> 丁丑冬，御舟自謝女峽歸硐洲，陳宜中船相失，莫知所之。

黃佐《廣州人物傳·蘇劉義傳》云：

> 帝在井澳，元劉深來襲，陳宜中如占城，劉義不以為
> 是，擢舟追之，不及而返。

按：《填海錄》亦言：「井澳風大作，舟敗幾溺，復入海，至
十（七）洲洋，欲往占城不果，遂駐硐洲。」

《宋史·二王紀》云：

> 元帥劉深以舟師攻昰於淺灣，昰走秀山，陳宜中入占
> 城，遂不反。十二月丙子，昰至井澳，颶風壞舟，幾溺死，
> 遂成疾。旬餘，諸兵士始稍稍來集，死者十四五。丁丑，
> 劉深追昰至七洲洋，執俞如珪以歸。十五年，大軍夷廣州城
> ……三月，文天祥取惠州。廣州都統凌震、轉運判官王道夫
> 取廣州。昰欲居占城不果，遂駐硐洲。遣兵取雷州，曾淵子
> 自雷州來，以為參知政事、廣西宣諭使。

又《宋史·忠義·張世傑傳》：

> 劉深攻淺灣，世傑兵敗，移王居井澳。深復來攻井澳，世
> 傑戰卻之，因徙硐洲。至元十四年正月，遣將王用攻雷州，用
> 敗績。

《世傑傳》記徙硐洲，在至元十四年正月前，則當為十三年十二月事。

再據上引各條比勘，《宋史》以井澳之敗遇風，在丁丑十二月丙子，翌日丁丑，俞如珪復於七洲洋被執。此時帝舟自官富移秀山移井澳，逐漸南移，決無向東折回大嶼山之理。其進駐硐洲，原意在往占城，硐洲正為往占城必經之地。[1]其退兵步驟，為繼續南撤，況劉深兵梗七洲洋，只有前走南路之雷化，若東回官富附近之大嶼山，無異自尋死路矣。

又帝舟駐硐洲時日，《宋史》所記含混，據文山《集杜》，帝往硐洲，在丁丑冬事，指其出發之時，若戊寅三月，殆指到達之時耳。[2]

（六）由文文山詩記方向字證之

《集杜詩》「景炎賓天第三十一」云：

> 御舟離三山（福州），至惠州之甲子門，駐焉。已而遷宮富場。丁丑冬，虜舟來，移次仙澳，與戰得利，尋望南去，止硐洲。

此條「移次仙澳」句下所記，與《二王本末》同。又「祥興第三十三」云：

> 六月世傑自硐洲北還，至厓山止焉。

按文山所記，多確實可從。如上二條記自仙澳往硐洲，則曰

---

[1] 陳宜中《如占城道經吳川極浦亭詩》有「顛風吹雨過吳川」句。

[2] 《厓山志》則云：「景炎三年正月，帝在謝女峽，三月，帝舟還於硐洲。」與文山《集杜詩》陳宜中詩有出入。

「南去」，記自碙洲往厓山，則曰「北還」，所用方向字，極可玩味，可見碙洲在仙澳南，自在化州，若往大嶼山，則不當云「南去」，應云「東還」矣。

（七）由碙洲北還厓山路途證之

《厓山集》云：

> 張世傑以雷州既失守，而六軍所泊雷化犬牙處，非善計。厓山在大海中，去新會縣八十里，與奇石山對峙，勢頗寬廣，中有一港，其口如門，可以藏舟。遂以己未發碙洲，乙亥至厓門駐蹕。

《廣州人物傳‧張世傑》所記亦同。蓋自六月己未發碙洲，乙亥至厓山，行程凡十七日，以當時交通情形論，由九龍之大嶼山至厓山，無需十七日，若由化州之洲至厓山，需十餘日，正相吻合。

（八）由吳川進士陳惟中事證之

黃安濤《高州志》四《事記》云：

> 景炎二年，元將劉深追帝於井澳，吳川進士陳惟中會司戶何時力戰，卻之。三年春二月，帝舟次於碙洲，夏四月崩。
>
> 元至元十五年（宋景炎三年），西道宣慰司遣管軍總管崔永、千戶劉潭、王德用招降雷、化、高三州。

同書卷十《列傳》云：

> 陳惟中，字子敬，吳川人，寶祐四年進士，任文昌縣。景炎中，端宗遷碙洲。惟中轉餉，艘至井澳，將趨碙洲，元

將劉深帥水兵來追，張世傑前鋒稍卻，深縱火焚艦，惟中與
吳川司戶何時方朝食，投箸而起，冒矢石，俱被創力戰，值
天反風，我艘乘上流，亦縱火，深兵始逃。（舊志《鄉賢傳》）

惟中，吳川人，碙洲在吳川，帝自井澳趨碙洲，故惟中轉餉相
助。若碙洲在九龍大嶼山，惟中何從而至耶？

由上八項，知碙洲應在化州，與九龍大嶼山無涉。

二、評陳仲微及吳萊說

（一）論陳仲微說

陳氏《廣王本末》「丁丑」歲事下云：

> 十一月丙申，唆都元帥大兵至福州⋯⋯至潮州，守臣馬
> 發堅守不下，唆都元帥棄而之惠州，與西省呂師夔軍會合，
> 攻廣州，城陷，張鎮孫死之。大軍至，次仙澳，與戰得利，
> 尋望南去，止碙洲。碙洲屬廣之東莞縣，與州治相對，但隔
> 一水。
>
> 十二月，景炎帝舟遷於謝女峽，陳宜中�舵之占城。[1]

按：仲微以宋臣，而稱唆都曰元帥，元軍曰大兵，當非出其親
筆，此《二王本末》一書，最少必經後人竄亂。考《宋史・仲微
傳》[2]云：

---

[1] 據粵雅堂叢書本《宋季三朝政要・附錄》。
[2] 《列傳》第一百八十一。

德祐元年，遷祕書監，尋拜右正言、左司諫、殿中侍御
史。益王即位海上，拜吏部尚書、給事中。厓山兵敗，走安
南，越四年卒，年七十有二。其子文孫與安南王族人益稷出
降，鄉（嚮）導我師南征，安南王憤，伐仲微墓，斧其棺。

是仲微子復降元。此書記宋事，宜有所忌諱，此本末《降元
史論》一篇，有「今大元混一，識天時而歸附者，固皇帝之所嘉」
云云，顯出元人之手。此書前題記云「壬午歲，安南國使入覲，
因言仲微之事，而得仲微所著《二王本末》，重加編次，以廣其
傳」。此仲微書傳入中土之經過，其言「重加編次」，則非原書面
目可知矣。

余考仲微此書，資料多鈔撮文山《集杜》小序，上舉「硐洲」
條，即其例也。文山集十六《集杜詩》「景帝賓天第三十一」有數
句云：

丁丑冬，虜舟來，移次仙澳，與戰得利，尋望南去，止
硐川。

此語與仲微書：「大軍至，次仙澳，與戰得利，尋望南去，止硐川」
語比較，除改「虜舟來」三字為「大軍至」外，其餘完全雷同，
其襲自文山《集杜》小序，證跡顯然。

不特此也，仲微書稱「行都」者三見，皆指福州；稱「行朝」
者一見，即紀己卯正月辛酉厓山戰事，此文長達八十餘字，與文
山《集杜》「祥興」第三十四、第三十六雷同，惟改文山序之「正
月十三日」為「正月辛酉」，文山序「虜入山門」，則易「虜」字
為「大軍」，文山序「行朝有船千餘艘」，此則改「行朝」為「厓

山」，此亦襲自文山者。

按文山《集杜詩》作於幽燕獄中，前有小序，末題壬午正月元日，厓山之敗在己卯二月，在壬午前三歲，仲微傳言其厓山兵敗後，走安南，越四年卒。彼時仲微播遷交阯，何由得讀文山《集杜》諸作，而採入其書，此理之難通者，足知其出後人增竄也。

黃培芳、陳伯陶輩過於重視仲微此書，謂仲微從二王海上，目擊時事，逐日鈔錄，至為可信，不知其書已經元人所亂，非盡本來面目。其與《宋史》多所抵牾，最為失實者有二事：

（1）記帝昰行蹤之可疑

陳仲微書記帝昰至廣州者二條。

一為丙子「十二月，景炎帝至廣州，守臣薛應龍、運使姚良臣迎入州治作行宮」。

按：《宋史・二王紀》「丙子十二月辛酉朔，趙溍棄廣州遁。乙丑，制置方興亦遁」，至次年丁丑「四月張鎮孫襲取廣州」，始為宋守。可知丙子十二月後四個月中，帝昰不能至廣州，更無以州治作行宮之事。

其次為戊寅「二月，景炎帝由海道再回廣」。

按：《宋史・二王紀》，「十五年正月，大軍夷廣州城」。「三月廣州都統凌震、轉運判官王道夫取廣州。」是二月間，帝昰亦無再回廣之可能。[1] 假如二王曾入廣州，《填海錄》、《文山集》不應無一語道及。

（2）記蘇劉義卒於丁丑四月之失實

文山《集杜》「蘇劉義第四十三」云：「厓山（蘇劉義）與其

---

[1]《廣州人物傳・王道夫傳》謂「元呂師夔退兵，道夫搗虛復廣州」，亦在三月。

子俱得脫，亦不知所終。」又「曾淵子第四十四」：「曾欲赴水，為蘇父子所留。」又戊寅帝昺登極碙洲祭社稷時，蘇劉義為初獻，具見（文山）《紀年錄》，何得謂前卒於丁丑。更可異者，仲微書述蘇劉義生平凡五十字，全與文山《集杜》雷同。

今傳所謂仲微之《二王本末》，尚有令人驚歎者，書之前半題曰「廣王本末」，記載帝昰景炎間事；後半題曰「衛王本末」，記載帝昺祥興間事。開端曰：「廣王昰為兵馬元帥，益王昺為副。」繼曰「廣王登極於福州」，「封弟益王昺為衛王」。是始終以廣王屬帝昰，益王屬帝昺也。所見學津討原本、粵雅堂本皆如此。守山閣本目錄，題曰「廣王，景炎本末」，「益王，祥興本末」。

按：《宋史》：元兵迫臨安，徙封昰為益王，昺為廣王；至福州，立昰為主，改元景炎，昺封衛王。文文山《集杜》「景炎擁立第二十八」云：「益王登極，改元景炎。」黃溍《陸君實傳後敘》云：「宋益王之踐帝位，不逾年而稱景炎。」[1] 是福州登極，改元景炎者，乃益王昰，並非廣王也。而廣王、衛王則帝昺一人之前封，並未曾封益王也。今隨駕目擊逐日抄錄之書，竟不識主人，顛倒混亂，非稗販謬瞀者之所編，何以至此？無怪自皇慶刊行以來，修《宋史》者視若無睹也。

凡上所辨證各點，具見今本《二王本末》，已為後人羼亂，其記南止碙川一段，既採自文山《集杜》，而下文忽言「碙洲屬廣之東莞」云云，此疑出元人批注語，誤入正文中。因陳書於二王所經各地，若「官富場」、「仙澳」、「謝女峽」，皆不注所在何地，

---

[1]《南宋書》亦云「封帝昰為益王」，又「帝昺封衛王」。

獨碙洲下注縣屬，於例不倫，可能係後人混入。此書道光癸未趙
魏跋語，謂舊本多闕，又有魯魚之訛，其中竄亂增益可疑之處正
多，不能概信為真，援用時，自應加以比勘鑒別也。[1]

（二）論吳萊說

黃培芳《新會縣志・事略》碙洲下考異，引《太平寰宇記》
化州之碙洲，又引吳淵穎《南海人物古跡記》，並云：「大奚山在
東莞南，一曰碙洲。據此則有兩碙洲，第到州路經者，本名黎碙
洲，後人省文稱碙洲耳。」

陳伯陶《東莞縣志》：「駐碙洲」句下按云：「吳萊《南海人物古
跡記》：大奚山在東莞南，一曰碙洲。陳仲微《二王本末》云：『碙
洲屬廣之東莞縣，與州治相對，第隔一水。』吳淵穎，元人，其遊
粵時，去宋亡未遠，而陳仲微從二王海上，目擊時事，其紀載尤
為有徵也。」

陳氏蓋據《新會志》加以推證。是說也，後人多懵然置信。
日人伊東忠太據之，謂碙洲即今之香港，尤為武斷。許地山復依
伊東說，謂史家誤認碙洲為化州之洲，一差就差幾百里。今按吳
萊所撰此文，乃一短篇雜記，原題曰《南海山水人物古跡記》，凡
三十三條，載於《淵穎吳先生文集》卷九（四部叢刊景蕭山朱氏
元本）。近人黃任恆重印於信古閣小叢書，篇末三條，其二有關宋
季行朝事，其最末一條即記大奚山，茲悉錄於下：

> **仙女灣**　在香山南海中。宋益王昰南遷泊仙女灣，丞相
> 陳宜中欲奉昰奔占城，颶作，昰殂，葬香山。宜中遁，殿帥
> 蘇劉義追宜中不及。夜有火燒仙女灣，舟艫幾盡。

---

[1]《仲微傳》稱其「涵飫六經，精研理致」，此書如全出其手，不應蕪亂如此。

厓山　在新會南，山有兩崖對峙，海潮出入。宋紹興間，嘗置戍。衛王昺南遷，結營厓山海中。海水鹹，級道斷，天狗墮海，聲隆隆如雷。丞相陸秀夫朝服抱衛王沉海，文武嬪御，從死者萬數。

大奚山　在東莞南大海中，一曰碙州。山有三十六嶼，山民業魚鹽不農。宋紹興間，招其少壯，置水軍嘯聚，遂墟其地。今有數百家徙來，種薯芋，射麋鹿，時載所有至城，易醯米去。

吳文又云：「為說者曰：東陽李生自海上回，為言南越事，山川風土，悉有可考者。」足見萊記嶺南事，乃得之李生，非由身歷，陳氏謂其遊粵，純出臆測。其記「仙女灣」、「厓山」，並詳誌二王事，而大奚山則但云「一曰碙州」，下不書帝昰駕崩及帝昺即位，可見此大奚山與宋末二王無關。至他書之言大奚山者，條舉於下，以資比較：

《輿地紀勝》　大奚山下引《南海志》：「在東莞縣海中，有三十六嶼，居民以魚鹽為生。」又引《朝野雜記》徐安國捕島民事。[1]（文繁不錄）

明《一統志》（天順修）　大奚山：在東莞縣南四百里，海中有三十六嶼，周迴三百餘里。居民以魚鹽為生，慶元間嘗作亂，提舉徐安國討滅之，地遂丘墟。[2]

按：《讀史方輿紀要》[3]大奚山條文略同，惟又云「明初有萬姓

---

[1]　卷八十九。
[2]　卷七十八，《廣州府》。
[3]　卷一百一。

者統其眾，今亦呼為老萬山」。

《清一統志》　大奚山，在新安縣南，一名大漁山。引《輿地紀勝》及舊志。又言「有老萬山在大奚西南大洋中」[1]。

《圖書集成・廣州府・山川考》新安縣下　大奚山，按縣志在縣南一百餘里，一名大漁山，為急水、佛堂二門之障，有三十六嶼，周迴二百餘里。有異鳥見，則大風生，山下有村，餘多鹽田，宋以為李文簡食邑。（按：嘉慶二十四年舒懋官修《新安縣志・山水略》「大奚山」條，文全同）

上列記大奚山各書全文如上，並無一語道及宋帝駐蹕。亦不稱「一名碙州」，與吳所記異。

又吳萊《淵穎集》卷九（金華叢書有王邦采注）有一詩題曰「新得《南海志》觀宋季厓山事跡」中有句云：

> 故國今安在，新營忽此山。藩王收未燼，義將扞邊關。典禮存周法，威儀復漢班。開衙旗幟動，結寨舳艫環。節制通江邏，槍牌集洞蠻。瀧濤多擊碎，嶺嶠半榛菅。置陣移官港，帷宮泊女灣。狗流疑尾掃，龍殞莫髯攀。

此詩人鮮引及，故摘錄於此。官港指官富場；女灣即仙女灣，龍隕句謂端宗崩碙州，帝昺立時有龍攀空而上，事見《填海錄》；狗尾句指厓山道斷天狗墮海事，見上引《南海山水人物古跡記》崖山條。

《淵穎集》九有「歲初喜大人回自嶺南，遂攜男諤北行送之二首」。蓋萊之父直方，曾至嶺南，有二子士諤、士謐，諤即士諤也，詳萊門人宋濂所撰淵穎先生碑，但淵穎本人則未來粵耳。

---

[1]　卷四百四十一。

由上知萊所記南海事，非身歷其境，而出於他人之報導，故
所記未必盡確。

志乘於大奚山，均不云一名硐洲，吳萊所記或另有依據，即
令大奚山別有硐洲之稱，不過偶爾同名，實與宋帝行朝無關。

三、論《元史 · 世祖紀》說

《元史 · 世祖紀》：

> （至元十五年）乙未（三月），宋廣王昺，遣倪堅以表來
> 上。
> 乙巳，廣南西道宣慰司，遣管軍總管崔永、千戶劉潭、
> 王德用招降雷、化、高三州，即以永等鎮守之。宋張世傑、
> 蘇劉義，挾廣王昺奔硐洲。
> （四月）廣州張鎮孫叛犯廣州，守將張（按：宜作「梁」）
> 雄飛棄城走，出兵臨之。鎮孫乞降，命遣鎮孫及其妻赴京師。
> （五月）乙酉，行中書言進討邵武、建昌、吉撫等岩洞山
> 寨……獨張世傑據硐洲，攻傍郡未易平，擬遣宣慰使史格進
> 討，詔以也速海牙總制之。

按：上舉三月乙巳崔永招降雷、化、高三州一事，粵志家乘每據
以為說，謂據此條化州已為元所得，則宋帝不應奔化之硐洲。黃
培芳《新會志》、《香山志》，戴肇辰《廣州府志》，陳伯陶《東莞
縣志》皆主此說，近人亦沿用之而不加考慮。不知《元史》本紀
所載時有訛處，如謂張世傑挾廣王昺，實為大誤，三月乙巳時帝
昰尚未駕崩，安得云廣王昺耶？故柯劭忞《新元史》十《世祖紀》

於此文頗有更正，改作：

> 乙巳，廣南西道宣慰司招降雷、化、高三州，宋張世傑以宋主昰奔碙洲。

復於四月增入一條云：

> 甲子，宋主昰殂於碙洲。庚午，張世傑等立其弟衞王昺。

又於五月乙酉條改作：

> 乙酉，福建宣慰使史格以兵討張世傑。

考《元史》卷一五五《格傳》云：

> 詔聽格節度，升廣西宣撫使，改鎮國上將軍、廣南西道宣慰使。宋亡，陳宜中、張世傑挾益王昰、廣王昺據福州，立益王，傳檄嶺海，欲復其地……益王死，衞王立，趣廣州，避海中厓山。遣曾淵子據雷州，諭之降不聽，進兵攻之，淵子奔碙洲，世傑將兵數萬，欲復取雷州，戍將劉仲海擊走之。後悉眾來圍，城中絕糧，士以草為食，格漕欽、廉、高、化諸州糧以給之，世傑解圍去，詔格戍雷州。

《新元史》卷一三八《史秉直附格傳》云：

> 擢昭勇大將軍、廣西宣撫使，尋罷宣撫，改鎮國上將軍、廣南西道宣慰使。宋將張世傑據福州，傳檄嶺南……世

傑分兵破潯州，又遣其將羅飛圍永州……格率所部援之，殄其眾。進攻宋都督曾淵子於雷州，淵子走碙州，世傑將兵數萬，欲復取雷州，萬戶劉仲海擊敗之。

按：兩《元史》所記史格事，實取材於姚燧撰之《史公神道碑》[1]，姚燧記衞王避厓山，及曾淵子奔碙洲事，時間含混不明，兩傳皆仍之未有改正。惟由《史格傳》記，確知世祖十五年五月格進討曾淵子以前，雷州尚為宋有，姚撰碑言之鑿鑿。可見同年三月乙巳，雷州尚未入元人之手，不得據《世祖紀》此籠統語句，遂謂宋主不得南至化州也。[2]

復由格戍雷州一事，足見當日雷州一地之重要性。碙洲與雷州地邇，故曾淵子失雷州，即奔碙洲，足見碙洲非化州莫屬。黃培芳等昧於當日宋元兵爭形勢，偶摭一二語，即欲推翻舊說，真通人之蔽也。[3]

四、碙洲異文考

碙洲　見《宋史·二王紀》、《太平寰宇記》、《厓山集》、《元史·世祖紀》及《史格傳》。

碙州　見《填海錄》、《癸辛雜識》、黃溍《客語》。

碙川　見《文山集·集杜》「祥興登極」（第三十二）、「祥興」（第三十三）、「陳宜中」（第四十）各條，姚燧撰《史公神道碑》，

---

[1] 《牧庵集》，十六。
[2] 又據姚氏碑，史格時官廣南西道宣慰使，《新元史·世祖紀》作福建宣慰使，與《格傳》不合，蓋誤。
[3] 用《高州府志》按語。

鄧光薦撰《文丞相傳》，元皇慶本《二王本末》。

　　硇洲　見《經世大典》。

　　砶州　見《宋史・張世傑傳》、《明一統志》。

　　硇洲　見《元史・世祖紀七》。

　　硐州　見《圖書集成・高州府・山川考・古跡考》。

　　硇洲　《清一統志》「關隘」條硇洲鎮，硇一作硇。

　　硇洲　見重修《厓山志・良寶傳》。《清一統志》高州府：「硇洲在吳川縣南百里，硇一作硇。」

　　岡洲　明隆興間高州知府吳國倫有《岡洲弔古詩》。

　　考硇字字書所無，遍查《廣韻》、《集韻》七陽十一唐等部及《龍龕手鑒》，俱無「硇」字。文文山、鄧光薦、姚燧文均作「硇川」，不作「硇洲」。《宋史》、天順《一統志》亦作「砶」（《張世傑傳》），《元史・世祖紀》又作「硇」，《厓山志》作「硇」，又作「硇」。按宋元史同書歧異過甚，惟《明一統志》概作「砶」，與硇實一字也。

　　茲再列字書中硇字異形如下：

　　《玉篇》石部：「硇，女交切。硇沙，藥也。」

　　《廣韻》五肴：「硇，硇沙，藥名。磟，上同。」

　　《集韻》五爻：「匘、洶、硇、磟。匘沙，藥名。或作硇、洶、磟。」

　　《六書故》有「砶」字。按：與《宋史・張世傑傳》、《明一統志》同。

　　《康熙字典》石部作硇，又《午集備考》石部有「砶」字，引《奚韻》「同硇」[1]。

---

[1]　《奚韻》乃一書名，與《龍龕手鑒》、《五音篇海》並列，其他部首均引其書。

《佩文韻府拾遺》三肴作「硇」，引《玉篇》女交切，《集韻》尺交切，音鐃。字書字資料略如上列，今南路化州無論識字與否，皆讀此地名之磠洲音「鐃」，並不音「岡」。疑此地名本為「硇洲」，後寫作砳，更書作磠作碙，又訛作「碙」（此字在一東見《廣韻》）耳。試表其演變如下表：

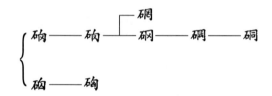

硇洲地望，應在化州，鄧光薦《文丞相傳》已明言之。鄧氏身經厓山之役，又得陸秀夫記二王事稿本，故所記最得其實。明天順間修《一統志》，載硇州及翔龍廢縣，俱在吳川，時去宋二王僅百年左右，說自可據。至弘治間刊《厓山集》，亦言「化之碙州」，故嘉靖時柯維麒《宋史新編》，萬曆間錢士升《南宋書》，及黃淳重修《厓山志‧馬南寶傳》，俱於硇州上有「化之」兩字。[1]

其他地理書若《方輿紀要》，《清一統志》，碙洲具在化州。道光七年黃安濤修潘眉纂之《高州府志》（《古跡事紀》），亦載碙洲廢翔龍縣在吳川。道光二年阮元修陳昌齊纂之《廣東通志》，於《山川略》「大奚山」條，既據《南海古跡記》增「一曰碙州」四字，然於前事略六仍言「升碙州為翔龍縣，隸化州」，即本鄧光薦語；又《馬南寶傳》引黃佐《通志》言「帝舟次於化之硇州」，與《厓山集》同。蓋自道光以前之史乘，無不以碙洲地在化州也。

---

[1]　陳伯陶《東莞志》譏柯、錢二書誤增「化之」二字，不知其遠有所本也。

　　自陳仲微《二王本末》在粵流行，粵人乃摭其書中數語，以推翻成案，不知陳書多經後人竄亂，其記「南去止碙川」數語，乃襲自文文山《集杜》「景炎賓天」句，其下「碙川屬廣之東莞縣」，已甚可疑，未必仲微原書之舊。黃培芳於道光八年纂《香山縣志》（《事略》），始採仲微此語，以駁舊說，力主碙洲應在東莞大奚山。迨道光二一年，培芳纂《新會縣志》，又著此說於《事略》上。厥後光緒五年，戴肇辰纂《廣州府志》，亦循黃培芳新說[1]，而宣統三年陳伯陶纂《東莞縣志》，於《前事略》所引全出戴府志按語，亦主碙洲在大嶼山，雖論據未充，然此新說已深入人心，近世談香港史，多採用之。

　　今知仲微之書，多經後人竄亂，而吳萊實未至粵，宋明以來地志言大奚山者，從不及二王事，即吳萊所記亦然。由此可知東莞大奚山，實與二王無關。再從當時雷化附近交戰形勢論之，碙洲應在雷州毗接之化州為是，鄧光薦所記正為實情，黃氏、戴氏過信陳書，而抑鄧傳，蓋未深考。

　　碙洲地望問題，就國史而論，似無關重要，然以香港史論之，則關係至巨。近人多採新說碙洲在大嶼山，於是二王部分史跡，遂被搬遷至港九矣。爰不辭固陋，重為考索，冀存其真，並以質世之治百粵史乘者。

戊戌九月初稿，己亥七月改定

---

[1] 戴志引黃佐《通志》「尋次於岡州」句下附按語云云，或引戴府志此段按語，謂出自黃佐《通志》，大誤。

陸　論碙洲非大嶼山（續論）

　　余既列舉八證，以明祥興登極之碙洲，應在化州，不在九龍之大嶼山。簡君馭繁，復為文申辨，洋洋萬言；其結語以為「在廣」、「在化」皆是推論，兩說有同等價值，而深信《二王本末》與鄧光薦之《文丞相傳》同為第一手資料。鄙見仍不謂然，茲續辨之如次：

一、論《二王本末》非第一手史料

　　余既提出《二王本末》一書，曾經後人增竄，復揭發書中不少與文山《集杜詩》完全相同，蓋重編者鈔襲文山句。簡君則以為可能文山曾見仲微此書而襲用之，鄙見適與相左，何以故？

　　（一）仲微書前小引言：「壬午歲，安南國使入覲，因言仲微之事，而得仲微所著《二王本末》，重加編次，以廣其傳。」此「壬午」未繫年號，簡君謂是「至元壬午」。考仲微書於《衛王本末》，記文天祥事甚悉，且云及「留燕經年，至至元壬午，朝廷賜死……張毅甫負公骨殖歸葬，至之日，母夫人之柩同日至自廣州，人謂忠孝所感」云云。文文山《紀年錄》：「（至元二十年）癸未歲，公柩歸自故里，時弟璧……遣家人至廣，遷奉母曾夫人靈柩，是日適與公柩舟會於江滸，人咸驚歎，以為孝念所感。」此事在至元二十年癸未；而《宋史·仲微本傳》，記厓山兵敗，走安南，越四年卒。厓山亡於至元十六年己卯，至二十年癸未，恰為

四年，恐仲微已不在人世，知此非出仲微所錄，而為後人增入者。

（二）據文山《集杜詩》自序，此二百首《集杜詩》，乃在幽燕獄中作。序後又有題記云：「是編作於前年，不自意流落餘生，至今不得死也。」並題「壬午正月元日，文天祥書」。壬午之前年為庚辰（即至元十七年），據《紀年錄》，辛巳歲下云：「公手編其詩，盡辛巳歲，為五卷。自譜其平生行事一卷，集杜甫五言句為絕句二百首，且為之敍。」可見《集杜詩》諸作乃辛巳以前所撰。壬午春，文山作贊擬於臨終時書之衣帶，題曰絕筆，故壬午歲即不復有詩。如謂《集杜》之與《二王本末》相同者，乃文山取材於陳仲微書，未免厚誣古人；不知《集杜》諸作，早在壬午以前已寫成也。

（三）《二王本末》內言：「文山為文章，未嘗屬稿，引筆滔滔不竭，尤長於詩，有《指南》、《吟嘯集》行。」（行下似奪「世」字）具見《二王本末》之重編者，曾參用文山詩。其記遷碙洲一段，與文山《集杜》完全相同，茲再徵引如下，以作對照。

《集杜》小序云：

> 御舟離三山，至惠州之甲子門，駐焉。已而遷官富場。丁丑冬，虜舟來，移次仙澳，與戰得利。尋望南去，止碙川。景炎賓天，蓋戊寅四月望日也。

而《二王本末》云：

> （丁丑十一月）……大軍至，次仙澳，與戰得利，尋望南去，止碙川。碙川屬廣之東莞縣，與州治相對，但隔一水。

此顯然為《二王本末》襲自文山小序，故改「虜舟」為「大軍」，鐵證昭著。[1]

由上三事，知《集杜》作於壬午以前，應是《二王本末》重編者鈔自文山詩序。文山時在囚中，何由得讀仲微所記且曾被改竄之書？揆之事理，實不可能。《二王本末》重編者，既雜採文山之語，可能於其下文補敘「碙洲所在地」一句，是此書經後人竄亂，自不得目為第一手資料。

二、宋周密明記碙洲在雷州界與鄧光薦所言符合

碙洲所在地，宋人所記，為同時同等之資料者，向僅知有鄧光薦《文丞相傳》及《二王本末》（不言陳仲微者，因此書已經後人增竄）而已。簡君於結論中，深慨「絕對可靠史料之不足，及同等史料之矛盾，如陳、鄧兩說為同時同等之第一手資料，互不相容，亦無第三可靠資料，藉以鑒定孰真孰偽」。然宋末周密之《癸辛雜識續集》上，有《二王入閩大略》一則，自注云：「碙洲屬雷州界。」茲錄其文如下：

> （上略）丁丑五月朔，於福州治立益王（原注「即吉王，方八歲」）改元景炎，立之日，眾方立班，忽有聲若兵馬至者，眾驚，甚久乃止。益王銳下，一目幾眇。是歲大軍至，遂入廣州，至香山縣海中，大戰而勝，奪船數十艘。繼而北軍再至，遂至敗績。益王墜水死，陳宜中自此逃去，竟莫知

---

[1] 此條上半之「至福州」、「至泉州」，記事皆以唆都為主體；迨「大軍至」以下，忽又以宋為主體，如屬一人手筆，必不如此混亂。

所之。繼又至雷州，駐碙洲（原注「屬雷州界」），立廣王（原
注「後封衞王，俞妃所生」），貌類理宗⋯⋯（原注「姜大成云」）

　　此即簡君所期待之第三可靠史料矣。查百粵志乘及諸家討論
二王事跡者，於此俱未徵引。文中明云「至雷州，駐碙洲」。於碙
洲下，復自注云：「屬雷州界。」凡兩言之，與鄧光薦云在「化州」
正合。其言「至香山縣海中大戰」，「北軍再至，遂至敗績」，「繼
又至雷州，駐碙洲」，時間層次分明；與文山詩序「移次仙澳，與
戰得利，尋望南去，止碙川」，亦復相符。參以《宋史・二王紀》
及《張世傑傳》所述，可證增改本之《二王本末》謂「景炎帝於
戊寅二月，由海道再回廣」一說，為不可信。其因《二王本末》
所引起之誤會——即謂帝昺於碙洲來往兩次，亦可渙然冰釋矣。
復由此條足證祥興登極，乃在雷州界之碙洲，決非九龍大嶼山，
可為最直接之證明。[1]《癸辛雜識續集》下，尚記「張世傑忠死」一
事，皆宋季珍聞。周草窗於宋亡後，久居杭州，《二王大略》文末
注曰「姜大成云」，乃出姜氏所述。[2] 此姜大成為何人，惜未考出。
文中兩言碙洲在雷州界，自為宋人確鑿之說，有不容置疑者。

三、評兩碙洲説

　　在若干史料提及碙洲者，皆在雷州附近，簡君於此，只得解

---

[1] 惟言益王墜水死，則語欠清晰。據陸秀夫所草《景炎皇帝遺詔》云：「海桴浮
　　避，澳岸棲存，雖國步之如斯，意時機之有待。乃季冬之月，忽大霧以風，舟
　　楫為之一摧，神明拔於既溺。」則帝昺墜水，自為事實；惟至遷碙洲之後，景
　　炎三年四月始駕崩耳。
[2] 《雜識》所記，每注明來歷，最為可靠。如「姨夫」條云「伯機」，即鮮于樞。

釋為張世傑舟師活動所至，而非行朝所在。故於《厓山集》所載，「己未發碙洲，乙亥至厓門」一語，簡君解云：「大概是指世傑舟師由化之碙州經十七日之航程而到厓門，即止於此；而帝昺及行朝百官兵勇全部船隻，則另由廣之碙洲陸續西趨厓山。」如是說法，分碙洲為二地，則行朝與世傑水軍脫節，失卻聯絡矣。姑勿論《宋史・張世傑傳》及各書不合，試問如無世傑水師為掩護，祥興帝及文武百官，孤懸於大嶼山，其不為元軍俘虜者幾希！關於此問題，余得更引宋人之記載，以證其非。《癸辛雜識續集》下「張世傑忠死」條云：

> 張世傑之戰海上也，嘗與祥興之主約曰：萬一事不可為，則老臣必死於戰。有沉香一株，重千餘兩，是時當焚此香為驗，或香煙及御舟，可即遣援兵；或不然，宜速為之所，無墮其計中也。及厓山之敗，張儼然立船首，焚香拜天，曰：臣死罪無以報國，不能翊運輔主，惟天鑒之。尚有將佐三十餘人，亦立其後，如此者凡一晝夜，從者亦聳立不少動。既而北軍擁至，篙師亦皆以小舟逃去，風起浪湧，舟遂沉溺。

《昭忠錄》[1]云：

> 厓山在廣州新會，蓋東之海門也……水勢如牛角，然殊非地利，而張世傑乃奉御舟自碙州駐此，識者惑之。

---

[1] 《粵雅堂叢書》第二集。

上明言世傑奉御舟至自碙洲來厓山，又世傑海上作戰，懼與帝相失，以焚香為驗，足見與帝未曾分離，凡此宋人所記，自屬所信，可證世傑與祥興帝俱在雷州界之碙洲，不得分為兩處也。

碙洲在雷化犬牙處，宋人最可靠資料而同樣記載者，有鄧光薦、周密二人。衡之當日戰爭形勢，正吻合無間。故專記二王事之《厓山志》，亦明言化之碙洲，天順修之《一統志》亦然。若後人增竄之《二王本末》，謂在廣之東莞，自出傳訛。余於前文論證，僅舉鄧傳，今更得《癸辛續識》，以相羽翼，誠如簡君所謂同時同等之第一手資料，益證二王所駐之碙洲，宜在化州，乃鐵的事實。

又曾淵子事，厲鶚《宋詩紀事》（六十六）云：

> （淵子）⋯⋯拜同知樞密院事，罷知雷州。端宗在碙州，自雷來覲，拜參知政事、廣西宣諭使。元兵至，走安南卒。

淵子有《客安南口占》詩，彼於碙洲祥興登極時，為初獻[1]，後拜廣西宣諭使，足見碙洲在雷化。如在大嶼山，彼不應官宣諭廣西，更何由西奔安南耶？

其力貶鄧傳者，以鄧氏未至碙洲，不知鄧氏親得陸秀夫所記二王史料。其自厓山為元所俘，與文山同北行，文山敬重之篤，與弟璧書云：「自廣達建康，日與中甫鄧先生居，具知吾心事，吾銘當以屬之。」故鄧氏為《文丞相傳》，備極翔實，足為信史。文山雖未躬與碙洲厓山之役，然《集杜詩》所記二王事甚詳悉，疑

---

[1] 見《文山紀年錄》。

即得自光薦。《宋史》謂光薦以秀夫記二王事還盧陵。[1] 是秀夫所錄者，文山或曾寓目，故所述二王事，亦足深信。今簡君於鄧傳及文山《集杜》所記，多所非議，倘宋人所述，猶不可信，尚有何種資料可作依據？不知於周草窗之言，亦將何所置喙乎？

或謂碙洲升為翔龍縣，而廣州升為翔龍府，顧名思義，碙洲應在廣不在化。今按《宋史·二王紀》，升碙洲為翔龍縣，在五月乙酉，時祥興初改元；至升廣州為翔龍府，乃六月己未徙厓山時。相去逾一月，前後異時異地，了不相涉。

簡君對碙洲再研究文中，多屬推論，其所舉重要佐證，有馬南寶勞軍事。考《南寶傳》，碙州上明有「化之」二字，蓋自香山至化之碙洲，海上尚可轉餉，陳惟中事正其明證。至東莞人李佳實從祥興帝於厓山，並非碙洲。[2] 安見其不能自東莞至厓山耶？又焉得以佳為東莞人，而連帶謂碙洲應在東莞耶？

鄙見與其依據經後人增竄及鈔襲文山《集杜詩》序已非陳仲微原書之《二王本末》，不若依據以陸秀夫直接記錄為根柢之鄧光薦《文丞相傳》，何況又得周密所記姜大成之報導，三占從二，則碙洲應屬雷化，亦即《寰宇記》所言之碙洲，實與九龍大嶼山無關，可以論定。質之治《宋史》者，諒不以余言為河漢也。

戊戌十二月

---

[1] 簡君謂光薦所記二王事於投水時失去，殊屬武斷，其人縱投水，行李衣物未嘗不可保存。簡君又謂「碙洲在化」，乃鄧氏得自傳聞，考自遷碙洲至厓山登位，相距不過數月，鄧氏未必健忘如此。況有陸秀夫所親授二王事跡，又烏得以道聽途說目之耶？

[2] 《東莞志》五十四《李佳傳》引《琴軒集》云：「祥興中，幼主駐厓山，邑人應募勤王，佳慷慨請行。」是其證。《琴軒集》為明初陳璉撰，說自可信。

四、質疑「碙洲即大嶼山」九證

上論碙洲非大嶼山二篇，曾由簡又文先生採入《宋皇臺紀念論文集》中，茲略有刪訂，再為刊出。簡先生於《宋末二帝南遷輦路考》文中，力主碙洲即大嶼山，並舉出九證；茲復質疑如次：

（一）謂陳仲微《二王本末》為信而有徵，鄧光薦雖身歷厓山之役，但前此未從二王海上，故其《文丞相傳》記在化州，可信價值較低。今按鄧氏《填海錄》亦云碙洲在化州，其《填海錄》蓋據陸秀夫日記寫成，決無有誤。

（二）謂吳萊記大奚山又名碙洲，亦是可信。今按吳萊於大奚山條，未記二王行蹤。縱大奚山別名「碙洲」，只是與宋帝駐蹕化州之碙洲偶爾同名而已。

（三）謂硇、碙兩字形近，乃誤以化之硇誤為廣之碙。今按元刊本《黃溍集》及自注，俱作「碙州」及「碙州鎮」，作硇與碙是異文，並非形近互誤。

（四）謂硇州為小島，何能成為翔龍縣。今按《客語》及《填海錄》、《文丞相傳》，均言化之碙洲，升為翔龍縣，眾說僉同，無庸置疑。

（五）（六）謂由大嶼山遷厓山，相距甚近，斷無由化州遠涉洋海，而東回厓山之理。又謂化州此時已在元軍佔據下，帝昺斷不投入虎口。今按黃溍《客語》明謂：「明年南遷化之碙州。又明年四月戊辰，（端宗）殂於舟中。越三日庚午，衞王襲位……會雷州失守，而六軍所泊居雷化犬牙處，乃稍北徙廣州之境……六月世傑等遂奉御舟抵厓山。」此即當日由化北遷厓山之經過，正因雷州失守，故不得不北徙廣州境也。

（七）引東莞人李佳從帝碙洲事，以證碙洲應在東莞。不知據《琴軒集》，李佳實從帝於厓山，並非碙洲，說已詳前。

（八）（九）引《客語》及《填海錄》等書為證。今按《客語》及其自注引《填海錄》，明言碙洲在化。簡君未睹《黃溍集》，所言多屬揣測之語。

綜上論之，碙洲在廣不在化之說，與宋元人記載不符，自不足信。

附　論碙洲因產砂而得名

砂，本草屬藥石名，原為產於火山旁及燒過之石灰坑中之礦物。化州之碙洲，有謂其地昔有火山，則因產砂而得名，故稱「碙洲」。又砂，唐宋以來，邊裔以為貢品。伯希和在敦煌所得文件，有歸義軍節度兵馬留後守沙州長史曹仁貴狀，中云：「玉壹團羚羊角伍角砂伍斤。」[1]《宋史》四九〇《沙州傳》[2]言：「天聖初，貢砂玉團。」《五代史記‧吐蕃傳》[3]：「所供有砂羚羊角。」別本作「碙砂」。碙砂之碙字，亦作硇、磠，殊體至多；地名之硇洲，異文繁雜，情形正相似。

---

[1] 《箋經室遺集》六，沙州石室文字記引。

[2] 元杭州路本。

[3] 慶元刊本。

柒 楊太后家世與九龍楊侯王廟

一、楊太后家世考

帝昰母為楊淑妃。《趙氏族譜》稱：

> 度宗二配楊氏，諱巨良，樞密使楊鎮長女也。生於理宗淳祐四年四月廿七日卯時。初封淑妃，皇子昰生身母也……厓山敗績，赴海死……壽三十六。

論者據此以楊鎮為帝昰之外祖父，實誤也。

考《宋史》（卷二百四十三）《后妃》下：「楊淑妃初選入宮為美人。咸淳二年，進封淑妃，推恩親屬幼節等三十四人，進秩有差。生建國公昰。宋亡，昰走溫州，又走福州，眾推為主，冊妃為太后。」無名氏《咸淳遺事》下：「四年戊辰春正月，閏月戊辰，大風雷雨，是日楊淑妃降生皇子。」「五月己巳正月，皇子賜名昰。」七年，「皇子昰進封建國公」。《宋史》及《遺事》俱不言淑妃父名，惟周密《浩然齋雅談》云：

> 楊纘字繼翁，號守齋，又稱紫霞，本鄱陽洪氏，恭聖太后侄楊石之子麟孫早夭，遂祝為嗣。時數歲，往謝史衛王（即史彌遠）。王戲命對云「小官人當上小學」，即答曰「大丞相已立大功」。衛王大驚喜，以為遠器。公廉介自將，一時貴戚無不敬憚，氣習為之一變。洞曉律呂，嘗自製琴曲二百操……

近世知音無出其右者。任至司農卿、浙東帥,以女選進淑妃,贈少師。

草窗為守齋門下客,所言最為可信。元夏文彥《圖繪寶鑒》四作楊瓚,與楊鎮並列,茲錄如下:

> 楊瓚字繼翁,恭仁皇后侄孫,太師次山之孫,度宗朝女為淑妃,官列卿。好古博雅,善琴,倚調製曲,有《紫霞洞譜》傳世,時作墨竹,自號守齋。
>
> 楊鎮字之仁,嚴陵人,自號中齋,節度使蕃孫之子,尚理宗周漢國公主……書學張即之,工丹青墨竹……卷軸印記……用駙馬都尉印。

《宋史》二百四十八《周漢國公主傳》云:

> 周漢國公主,理宗女也……初封瑞國公主,改昇國……景定二年四月帝以楊太后擁立功,乃選太后侄孫鎮尚主,擢鎮右領軍衞將軍駙馬都統,進封公主為周國公主。帝欲時時見之,乃為主起第嘉會門,飛樓閣道,密邇宮苑。帝常御小輦,從宮人過公主第,特賜董役官減三年磨勘,工匠犒賞有差。明年進封周漢國公主,拜鎮慶遠軍承宣使。鎮宗族娣姒,皆推官加封,寵異甚渥。七月主病,有鳥九,首大如箕,集主家搗衣石上,是夕薨。年二十二,無子,帝哭之甚哀,諡端孝。鎮,官節度使云。

《宋史・后妃傳・楊皇后傳》云:

次山官至少保，封永陽郡王。次山二子，谷封新安郡王，石永寧郡王。（自有傳）侄孫鎮，尚理宗女周漢國公主，官至左領軍衞將軍駙馬都統。宗族鳳孫等皆任通顯云。

按：楊石子名麟孫，早夭，以纘為嗣，而鎮父蕃孫，當與麟孫同輩行，則鎮乃纘之侄，實與淑妃同輩，趙氏譜誤纘為鎮。《宋史·寧宗恭聖仁烈楊皇后傳》云：

少以姿容選入宮，忘其姓氏，或云會稽人。慶元元年三月，封平樂郡夫人，三年四月，進封婕妤。有楊次山者，亦會稽人，后自謂其兄也，遂姓楊氏……（紹定）五年十二月壬午，崩於慈明殿，壽七十有一。

又卷四百六十五《外戚·楊次山傳》云：

楊次山字仲甫，恭聖仁烈皇后兄也，其先開封人，曾祖全以材武奮，靖康末，捍京城死事。祖漸以遺澤補官，仕東南，家於越之上虞。

此次山之先世也。弘治《厓山集》殘本謂：

元將伯顏入臨安府，楊淑妃與其弟楊冕負帝（昰）與廣王昺如溫州，航海至福州。

黃淳《重修厓山志》則云：

伯顏入臨安，楊淑妃與弟楊亮節、駙馬都尉楊鎮等，負

帝及廣王昺出走，如溫州。[1]

楊亮節與楊冕不知是否一人，惟確為淑妃弟，與《妃傳》所言親屬幼節，當亦兄弟行，疑皆纘之子也。周密《二王入閩大略》云：

> 德祐丙子正月十二日之事，陳丞相宜中與張世傑皆先一日逃往永嘉，次日蘇劉義、張亮節、張全挾二王及楊、俞二妃行，自漁浦渡江，繼而楊駙馬（即楊鎮）亦追及之，至婺，駙馬先還，二王遂入括。[2]

所言之張亮節，當是楊亮節之誤。

茲據上舉記載，楊太后外家之世系，可略譜後。至諸楊事跡，次山及其二子谷、石，《宋史》均有傳，而麟孫、纘、蕃孫、鳳孫、鎮、亮節、冕、幼節等，亦略考如次：

楊太后外家之世系

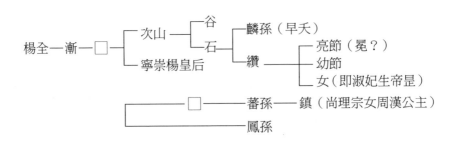

---

[1] 此據《宋史·二王紀》。
[2] 學津討原本。

諸楊事跡，再略考如次：

楊次山　仕至安德軍昭慶軍節度使，改封會稽郡王。嘉定十二年卒，年八十一，贈太師，追封冀王。

楊谷　仕至太傅保寧軍節度使，充萬壽觀使，永寧郡王。

楊石　仕至彰德集慶節度使，進封魏郡王。卒年七十一，贈太師。（以上三人皆見《宋史・外戚傳》）

楊麟孫　早夭，見《浩然齋雅談》。

楊纘　《宋史》無傳，事跡見前引《浩然齋雅談》及《圖繪寶鑒》。

楊蕃孫　名見《圖繪寶鑒》，鎮父，殆與麟孫同輩。

楊鳳孫　名見《宋史・寧宗楊后傳》，疑亦與麟孫同輩。

楊鎮　駙馬都尉，事略見前，奉益王、廣王及楊淑妃渡江。《宋史・二王紀》：「元兵迫臨安，以駙馬都尉楊鎮及楊亮節、俞如珪為提舉。大元兵至皋亭山，鎮等奉之走婺州。伯顏入臨安，遣范文虎將兵趣婺，召鎮以王還，鎮得報，即去曰：我將就死於彼，以緩追兵。亮節等遂負王徒步，匿山中七日，其將張全以兵數十追及之，遂同走溫州。」按：鄭所南《心史》下書楊鎮事云：「十八日行在陷……叛臣范文虎首入犯大內，太皇病不肯出，逆臣駙馬楊鎮術紿太皇，遷過別小御床，就床舁太皇出授伯顏。」又云：「逆臣楊鎮使臣夏若水，盡逼取福王及子侄輩並北狩。」疑所南所記係出傳聞之誤。（畢沅《續通鑑》記楊鎮隨帝赴北）

楊亮節　為淑妃弟，事具見《宋史・二王紀》。考《癸辛雜識》記厓山之敗「樞密使陸秀夫、楊亮節皆溺海而死焉」，則亮節乃死於厓山之役。[1]

---

[1] 《宋史》卷四百五十《忠義・趙與傳》：「益王之立，舅楊亮節居中秉權。」

楊冕　疑即亮節，弘治《厓山集》言楊冕負二王如溫州，重修《厓山集》作亮節，是冕與亮節似為一人。

楊幼節　名見《宋史・楊淑妃傳》，幼節與亮節似同輩行。

新安舒志《勝跡略》：「金夫人墓在耿（迎祿）墓側，相傳慈元后女晉國公主溺死，鐵金身以葬，鎔鐵錮之。」陳伯陶有《宋晉國公主墓詩》。[1] 晉國公主即帝昺之妹，《二王本末》云：「（景炎元年）進冊母淑妃為皇太妃，封弟益王（應作廣王，此誤），昺為衛王，妹壽和公主為晉國公主。」

《趙氏族譜》每稱公主為「帝姬」，於晉國公主亦稱「晉國帝姬」。按：宋徐度《卻掃編》卷上：「帝者之女謂之公主，蓋因漢氏之舊，歷代循焉……政和間始；故改公主曰帝姬，郡主曰宗姬，縣主曰族姬……議者謂國家趙氏，乃當曰帝趙……公主之號，建炎初已復之。」此為徐度自述官司封時所經見，與《宋史》紀傳相符，蓋政和三年改號，自太祖妹秦國大長公主以下悉追改為某某帝姬。然南渡之初，即復公主舊號，如徽宗幼女恭福帝姬，北遷時生才周晬，建炎三年薨，封隋國公主，以此四歲殤女之前後稱號，即可為證。至理宗女周漢國公主，本傳絕無帝姬之名，不知《趙譜》何以猶眷戀於政宣之衰制，此亦譜牒不盡可信之一例也。

二、楊侯王廟

九龍宋皇臺舊址西北白鶴山上有侯王廟，門左有陳伯陶民

---

[1] 《宋臺秋唱》。

國六年丁巳撰《侯王古廟聖史牌記》云：「侯王廟甚靈異，相傳楊姓，佚其名。南宋末忠臣，始封侯，晉封王，故稱為侯王。余曰，此殆楊亮節也……疑亮節道病卒，葬於斯土，土人哀之，立廟以祀。」

按：陳說非也。周密明記亮節與陸秀夫同死厓山之役，自非道死九龍，陳氏未睹《癸辛雜識》，故有此臆測。

陳碑記載與史事乖忤者，如書「梅蔚」為「藍蔚」，又記秀王趙與檡出兵浙東，被貶而死事。考《宋史·二王紀》：「秀王與檡，逆戰於瑞安……及其弟與慮，子孟備，監軍趙由瓛，察訪使林溫被執，皆死。」《宋史》卷四五〇《忠義傳》特為與檡立傳，陳氏謂其貶死，殊非事實。

楊侯王廟早建於道光以前。現存清代碑刻有三：一為道光二年壬午羅世常之「重修楊侯王宮碑記」，有云：「余客九龍之五年，道光二年也，適楊侯王廟橑桷朽腐，眾議重修。」又云：「自宋迄今，數百年如一日，又安知非侯王助法護宋……而能起後人誠敬之心若此乎！」似宋時已有廟，惟土人傳說，其初僅為一茅寮耳。又有咸豐九年己未「重修楊侯王宮碑記」，文俱殘泐，及光緒五年己卯「重修楊侯王古廟碑記」，俱不詳史跡，而稱曰「楊侯王宮」則同。

「侯王」之義，陳伯陶謂指楊亮節生封侯歿封王，友人簡又文先生極力反對謂：「侯王之為一名辭，最難置信，在文字上及口語中，是侯則侯，是王則王，從未有連其前後兩爵疊稱為侯王也。」因另推測「楊其姓，而侯其名」。

竊按：「侯王」一詞，已見於老子《道德經》三十九章云「侯王得一以為天下貞」、「侯王無以貴高將恐蹶」、「侯王自謂孤寡不

穀」。《齊策》四亦引老子「侯王稱孤寡」一語,「侯王」為現成
通名,二字自當連讀。蓋春秋戰國,周室弱,諸侯稱王已是常
事。老子《道德經》稱「侯王」,自必有據。漢初侯國封王則為
常制,「諸侯王」於《史記》、《漢書》乃為習見之辭。屈大均撰
《番禺沙亭侯王廟碑》言:「廣之州,多有侯王廟,蓋祀秦將軍
任囂。」

　　足見「侯王廟」是一通稱,故無定祀。九龍侯王廟,上繫楊
姓者,以楊氏為宋季外戚,累代軒冕,自楊次山以下封王者不止
一人,此廟上必冠以楊姓者,示為楊氏侯王之宮,自楊淑妃、楊
亮節播越海裔,後之楊姓不忘先德,立廟以祀,不敢指名,但取
「侯王」二字顏曰「楊侯王廟」,相沿不替,所祀或非一人一代,
猶言「楊氏家廟」耳,其不指亮節,則昭然若揭也。

　　楊侯王廟向以靈應著稱,當地駐防軍官,對此廟信仰至深,
九龍半島各地皆為立廟;新界之新田大埔墟、元朗舊墟俱有「楊
侯王廟」,屏山村亦有之;廈村有楊侯宮(無「王」字)額題嘉慶
辛未(十六年,1811),另一殘匾存壬戌年,即嘉慶七年(1802);
又石壁圍侯王古廟;又大嶼山東涌沙嘴頭有侯王宮,建於乾隆
三十年,有鐘一[1],俱冠以「楊姓」字樣,足見楊氏此廟在九龍居
民宗教信仰中,曾支配一長久時間。惟楊氏史跡,世莫能詳,故
為稽考如上,以俟他日之論定云。

---

[1] 參看簡又文《宋皇臺遺址考證》,吳灞陵君調查九龍共有侯王廟六,除九龍城
　　外,新界有三,大嶼山有二。

附　記清末大鵬協副將張玉堂事跡

　　侯王廟現存古物，廟前有鐵香爐，為道光丁未仲秋九龍司信官許文深所立。此外有匾額多件，其中最具史料價值者，為同治五年署大鵬協副將張玉堂木匾。匾已殘損，題曰「口荷鉼檬」。有跋記云：「道光廿年春二月，督師官涌。」「迄今二十餘載矣，逮咸豐四年春，捧檄九龍，瞬十三載」，「皆蒙神靈庇佑，默授機宜，一帶地方，均獲安靜，銘篆五中」云云。[1] 玉堂字翰生，廣東歸善人，由前山參將，調升大鵬協，曾代理水師提督，修虎門炮臺，七十二歲退休，卒年七十六。此匾跋言「年逾古稀，功成告退」，蓋同治五年，玉堂已七十二歲矣。玉堂擅拳書，侯王廟內露天壁間，猶有「壽」字行書遺跡，著有《公餘閒詠》二冊，《公餘日記》一冊，藏於家。其詩有云：「撥墨自從投筆後，拳書揮在督軍前。」《日記》謂拳書以棉花裹手書之。今澳門媽宮廟旁有玉堂拳書「海鏡」二大字盈丈。清季大鵬協公署在九龍城寨鎮衙門，於日佔前仍存，後為天主堂老人院。[2] 玉堂官此職，前後四任，歷十三年，為當日九龍租借與英時最高地方長官。許文深則首任九龍巡檢也。其行跡為言港九史者所宜知，故附記於此。

---

[1]　匾文羅香林先生《大地勝遊記》161 頁已錄出，有一二缺文，茲為補錄。
[2]　九龍寨城東門內，原有張玉堂建敬惜字紙亭一座，有碑記，今亦不存。

捌　本文提要

宋季二帝史料及其與九龍關係，經此一番爬梳研討之後，可得重要結論如下：

（甲）史料審訂封面

（一）諸宋元人記載，以鄧光薦之《填海錄》最為重要，因根據陸秀夫日記寫成，故極可信。

（二）黃溍之《陸丞相傳後序》（即所謂《番禺客語》），與其晚年所加之注語，均極有裨於考證。

（三）陳仲微之《二王本末》，多出元人增改竄亂，亦有襲文天祥《集杜詩》者，決非原書真相。

（乙）地理及史事考證方面

（一）帝舟所次至古塔，據元刊《黃溍集》引《填海錄》其名實應作「古墐」。《新安縣志》官富司所轄有古槿村，即今紅磡馬頭圍道，舊為馬頭角，清時尚有「古瑾圍」題額；或以指南佛堂門，非是。

（二）硇州或以指大嶼山。然鄧氏《填海錄》，及《文丞相傳》，黃溍《番禺客語》，周密《癸辛雜識》，俱明言地在雷化之間，即宋明以來之硇州寨，與九龍之大嶼山，了不相涉。

（三）帝昰自淺灣走香山，於仙女澳一役，損失慘重，更望南去，止於化州之硇州鎮。黃培芳、陳伯陶輩謂其曾駐蹕大嶼山，實不可能。是時元兵自閩南下，大會於官富場（見《元史·唆多傳》），宋師已被迫趨秀山，必不復東返大奚山也。

（四）二帝舟次九龍一帶，《填海錄》記載，實僅有「官富場」、「古塪」、「淺灣」三處。自景炎二年四月次官富場，六月次古塪，至十二月自淺灣，移秀山，前後約共九個月。

（五）楊亮節死於厓山，見《癸辛雜識》，可訂正陳伯陶謂其殉節九龍之誤說。據《浩然齋雅談》楊太后之父是楊纘，非楊鎮，趙氏族譜誤也。

A SUMMARY OF THE CONTENTS

After an exhaustive study of the historical materials relating to the last two Sung Emperors and their connection with Kowloon, the author has arrived at several important conclusions, as follows:

A. WITH RESPECT TO CRITICAL EXAMINATION OF SOURCE MATERIALS.

(1) Of all the historical records concerning the two Emperors by Sung and Yuan authors, *T'ien - hai Lu* by Teng Kuang - chien; (鄧光薦：填海錄) is the most important and reliable, for the simple reason that it is based upon the diary of Lu Hsiu-fu, (陸秀夫), the prime minister who accompanied the "Boy Emperor" to the watery grave at Yai-shan.

(2) *Lu Ch'êng - hsiang Chuan Hou - hsü* by Huang Chin; (黃溍陸丞相傳後序), which is sometimes entitled *Pan - yü Kê - yü* (番禺客語), and the footnotes made by the author in his later years contain most valuable records for reference.

(3) *Erh - wang Pên - mo* by Chên Chung - wei; 陳仲微：(二王本末), is no longer in its original shape, having apparently been altered and distorted by anonymous editors of the Yuan Dynasty with occasional plagiarisms from *Chi Tu Shih* by Wên T'ien-hsiang; (文天祥：集杜詩).

B. WITH RESPECT TO GEOGRAPHICAL AND HIS-
TORICAL DATA

（1） According to a passage from *T'ien - hai Lu* quoted
in the Yuan edition of *Huang Chin Chi* (*Collected
Works of Huang Chin*; 元刊黃溍集), the name of
the place at which the last two Sung Emperors
called is Ku Ching (古埕), instead of Ku Ta (古塔).
The Topography of Hsin - an Hsien （新安縣志）
states that within the jurisdiction of the Kuan-fu
Ssŭ (官富司) there is a village by the name of
Ku Ching, which corresponds to the present Ma-
TauWei Road in Hung K'an (or Hunghom 紅磡), or
the Ma Tau Kok (馬頭角) of old. There in the
Ch'ing Dynasty still remained a tablet bearing
the inscription *Ku - ching Wei* (古瑾圍).   It is,
therefore, incorrect to assign the geographical
name to the Nan Fu-t'ang Men (南佛堂門).

（2） It is clearly stated in *T'ien - hai Lu*, *Wen Ch'eng-
hsiang Chuan* by Têng Kuang-chien （鄧光薦：填海
錄，文丞相傳），*Pan-yü Kê-yü* by Huang Chin; (黃溍
番禺客語) and *Kuei - hsin Tsa - chih* by Chou Mi;
（周密: 癸辛雜識)that Nao-chou (磵洲) where the last
Sung Emperors stayed for for sometime, is situated
somewhere between Lei-chou (or Lui-chou, 雷州)
and Hua-chou (化州). Hence, it corresponds to the
Nao-chou Chai (硇州寨) of the Sung and Ming
Dynasties and has nothing whatsoever to do with
the Ta Yü Shan (大嶼山) of Kowloon.

(3) In the course of his retreat from Ch'ien-wan (淺灣) to Hsiang‑shan (香山), Emperor Shih suffered heavy casualties in the battle of Hsien-nü Ao (仙女澳) and had had to take refuge at Nao-chou in his flight towards southwest. It was quite impossible for him to sojourn at Ta Yü Shan, as alleged by Huang P'ei-fang (黃培芳), Ch'ên Po-t'ao (陳伯陶) and others; because at that time the Mongol horde had pushed southward from Fukien and assembled in force at Kuan-fu Ch'ang (官富塲), according to the *Biography of Soto* in the Yüan History (元史：唆多傳). It is obvious that the Sung army, having retreated westward to Hsiu-shan (秀山), could not have moved to Ta YüShan in the east.

(4) According to *T'ien hai Lu*, there are only three places along the Kowloon coast line, namey, Kuan-fu Ch'ang (官富塲), Ku Ching (古瑧) and Ch'ien-wan (淺灣), at which the imperial barge cast anchor. In the 2nd Year of *Ching‑yen* （景炎, 1277 A.D.,) the two Sung Emperors disembarked at Kuan-fu Ch'ang in the 4th Moon and at Ku Ching in the 6th Moon; then in the 12th Moon they moved their headquarters from Ch'ien-wan (淺灣) to Hsiu‑shan (秀山). The entire itineracy took place in the span of about nine months.

(5) It is recorded in *Kuei-hsin Tsa‑hh* that Yang Liang‑chieh (楊亮節) died at Yai-shan (厓山). This may disprove Ch'ên Po-t'ao's hypothesis that he made the royal sacrifice at Kowloon. According to *Hao-jan Chai Ya-t'an* (浩然齋雅談), the name of Empress Dowager Yang's father is Yang Tsuan (楊纘), instead of Yang Chên (楊鎮). The latter, appearing in the *Geneological Record of the Chao Family* (趙氏族譜), is obviously a typographical mistake.

附錄一 補《宋史》鄧光薦傳

鄧光薦，初名剡，字中甫，又字中齋，廬陵人[1]。生於紹定五年[2]，或云景定元年進士[3]，咸淳初嘗為縣尉[4]。德祐二年丙子夏，避地入廣，寓家香山之潮居[5]。冬就廣東制置

---

[1] 黃虞稷《千頃堂書目》二九，鄧剡《中齋集》，注云：「字光薦，廬陵人，文文山客，景定元年進士，宋亡以節行著。」按他書多云名光薦。所撰《浮虛山記》亦自名光薦，疑丙子後以字行。

[2] 劉須溪詞《洞仙歌・壽中甫》云：「但細數齋年幾人存。」是二人同歲也，須溪《百字令》自注云「僕生紹定之五年」（1232）。

[3] 《千頃堂書目》云「景定元年進士」。按文文山《東海集序》但云：「自為舉子時已大肆力於詩。」楊德恩《文天祥年譜》引《廬陵志》云：「屏居山中，屢薦不就，後贊天祥勤王。」皆不言其何年登第。

[4] 《文文山全集》卷五有「回鄧縣尉中甫」書，楊《譜》以書中所云：「前年足下以書議禮。」為指文山「承心制」事，繫於咸淳三年。黃培芳《香山縣志》卷一「黃楊山」條錄光薦至烏岩山贈趙承節詩云：「願我早師梅子真。」即指嘗為縣尉，及棄官說。

[5] 《文文山全集》卷十四《為光薦作東海集序》云：「自喪亂後，友人（指光薦）挈其家避地，遊宦嶺海。」黃培芳《香山縣志》卷一「浮虛山」條錄光薦《浮虛山記》全文，內云：「光薦避地三年，崎嶇海岸，何所不至。丙子夏攜家潮居，冬赴辟於廣，嘗過其下……次年（丁丑），隨承節客香山數月……今年（戊寅）既喪家，詣府城，始獲一拜殿廡。時暑方劇。」按此《記》作於戊寅仲秋，上溯至丙子，故云「避地三年」。明黃佐《廣州人物傳》二四《鄧光傳》（原注「《厓山新志》修」）謂「乙亥冬避地於閩，次年景炎閩帥趙總卿辟幹官，丁丑四月駕至，除宣教郎，宗正寺簿。元兵至，自虜圍中度嶺入廣，及廣陷，避地香山」云云。總與自述不合。

使趙溍辟，赴廣州 [1]。溍遁，隨承節郎趙時鏦居烏岩山 [2]。適強寇至，妻子十二口死之 [3]。景炎戊寅三月，廣州都統凌震復廣州 [4]，光薦因詣府城，過浮虛山，遊焉 [5]。後赴厓山隨駕，除禮部侍郎，次年春，權直學士院 [6]。二月，厓山

[1] 《宋史·二王紀》略云：（景炎元年丙子）九月，東莞人熊飛聞趙溍至，即以兵應之，攻（元）雄飛於廣州，壬寅雄飛遁，壬子趙溍入廣州。十月熊飛戰歿於廣州。十二月辛酉朔，趙溍聞（元）呂師夔將至，棄廣州遁。次年丁丑二月，郡人趙若岡以廣州降元。光薦《浮虛山記》所云：「冬，赴辟於廣。」當指丙子十月十一月溍在廣州時。《廣州人物傳》所謂「閫帥趙總卿辟幹事除宣教郎宗正簿」，疑亦指此；但繫其地於閩，與光薦自記不合。又《廣州人物傳》於厓山之後累請為緇黃之前，謂「館於趙冰壺家教其次子。」按冰壺乃溍號，於時間上尤不合。又「教次子」事，屬鶚《宋詩紀事》，屬之張弘範，按《元史》弘範止有一子。
[2] 即《浮虛山記》「隨承節客香山數月」也。香山縣黃《志》卷一「輿地上·黃楊山」條云：「上為烏岩山，鄧光薦避兵於此，趙時鏦建金臺精舍於山左，與龔竹卿三人隱焉。」又卷七列傳云：「龔竹卿（原誤作行卿，據劉須溪詞及《廣州人物傳》改），南昌人，累官大理卿兼祕書監，與鄧光薦友善，同避地於邑，會帝在厓山，光薦偕之往，除權吏部侍郎兼侍講。」
[3] 即《浮虛山記》「今年（戊寅）既喪家也」。文文山《集杜詩》禮部第一百三十七云：「及廣陷，避地深山，適強寇至，妻子兒女等匿暗室，寇無所睹，焚其居，十二口同時死。」
[4] 《宋史·二王紀》：至元十五年（戊寅）三月，廣州都統凌震轉運判官王道夫取廣州。閏十一月，王道夫凌震先後遁。十二月王道夫攻廣州被執，凌震兵繼至亦敗。
[5] 見上注與《浮虛山記》。按戊寅五月朔改元祥興，光薦詣府城時暑方劇，當是未知改元事；《記》末署景炎三年戊寅仲秋朔日，其時祥興已抵厓山三十餘日，疑光薦蹈府城未即退居山僻，故仍無所聞。《香山縣志》「寓賢·鄧剡傳」作「戊寅六月至厓山除祕書丞」，所記時日，與《浮虛山記》抵觸。
[6] 文山《集杜詩》禮部一三七云：「中甫隨駕至厓山，除禮部侍郎，己卯（祥興二年）春除學士院權直，未數日，虜至。」按趙溍當祥興登極碙洲祭告天地時，職為亞獻，地位僅次於張世傑，光薦初入溍幕，其再赴厓山或與溍有關係。

潰，光薦蹈海者再，為北軍鉤致 [1]，張弘範命子珪師事之 [2]。
自廣之北，與文天祥同行，時相唱和，有詩名《東海集》，天祥序
而書之 [3]，且囑弟璧以墓銘託焉 [4]。光薦至金陵，以病留天慶觀 [5]。久

---

[1] 《文山集》十四《東海集序》：「友人（光薦）倉卒蹈海者再，為北軍所鉤致，
 遂不獲死，以至於今。」又《集杜詩》一七三：「中甫赴海，虜舟拔出之，張
 元帥待以客禮，與余俱出嶺，別於建康。」

[2] 《元史》一五六《張弘範傳》：「獲宋禮部侍郎鄧光薦，命子珪師事之。」又
 一七五《張珪傳》：「宋禮部侍郎鄧光薦將赴水死，弘範救而禮之，命珪受學。
 光薦嘗遺一編書，目曰《相業》，語珪曰：熟讀此，後必賴其用。」

[3] 《文山集》十四《東海集序》：「東海集者，友人客海南以來詩也，海南詩而
 曰東海集者何。魯仲連天下士，友人之志也……余與友人年相若，又同里閈
 ……及居楚囚中，而友人在行，同患難者數月。其自五羊至金陵所賦，皆予
 目擊，或相唱和。時余坐金陵驛，無所作為，乃取友人諸詩筆之於書，與相關
 者並附為（焉），後之覽者，因詩以見吾二人之志，其必有感慨於斯。己卯七
 月壬申文天祥敍。」文山《送行中齋》詩有云：「嗟予抱區區，疇昔同里閈。
 過從三十年，知心不知面。零落忽重逢，家亡市朝變。」知二公相交，在「回
 中甫縣尉」書之十年前矣。又中齋與文山《滿江紅·和王昭儀》，亦疑此行中
 作。

[4] 《文山集》一七《紀年錄·辛巳》附注：「夏、璧與孫氏妹歸，公剪髮以寄永
 訣。與弟書曰：……自廣達建康，日與中甫鄧先生居，具知心事，吾終當以
 屬之。若時未可出，則姑藏之。」又卷十四《指南錄·懷中甫》詩云「死矣煩
 公傳」，又《送行中齋三首》末云：「余生諒須臾，孤感橫九縣。庶幾太尉事，
 萬一中丞傳。」皆以身後銘傳託中甫意。至《送行中齋》第一首云：「百年有
 時盡，千載無餘觀。明明君臣義，公獨為其難。願持丹一寸，寫入青琅玕。會
 有撫卷人，孤燈起長歎。」則又以紀載君臣殉國史期諸中甫也。統計《文山集》
 十四《指南後錄》卷之一下為光薦所作詩，有：《和中甫端午韻》一首，《呈中
 齋》二首，《和中齋韻過吉作》一首，《再和》一首，《懷中甫》一首，《送中
 甫》三首；又《東海集序》一首；其《念奴嬌·驛中言別友人》，亦指中齋也。
 吳師道《禮部詩話》載光薦輓文山詩，末云：「田橫老賓客，白髮餘息假」，
 「非無中丞傳，殺青自誰寫，魂歸哀江南，千秋俎鄉社」。則正針對文山「煩
 公傳」、「中丞傳」之所託以輓告故人。

[5] 《文山集》十七《紀年錄》附注引鄧光薦撰《文丞相傳》：「十二日至建康，
 十三日鄧光薦以病遷寓本慶觀就醫，留不行。」又卷十四《懷中甫》自注云：
 「時中甫以病留天慶觀。」

之 [1]，放還 [2]。大德初卒，年六十六 [3]。先是，陸秀夫在海上時，記二王事為一書，甚悉，以授光薦，曰：君後死，幸傳之 [4]。後光薦以其書還廬陵 [5]。《宋史》成 [6]，其家始以《填海錄》（《海上錄》）等書上進 [7]。

---

[1] 《廣州人物傳》二十四：「累請為緇黃，不許。後得放，還廬陵。」按《元史·張珪傳》：「（至元十六年）師還，道出江淮，珪年十六，攝管軍萬戶；十七年真拜昭勇大將軍、管軍萬戶，佩其父虎符治所統軍，鎮建康」，「十九年，太平、宣、徽群盜起，行省檄珪討之」。似張弘範班師時，珪即與所部軍留駐建康甚久。是光薦遷天慶觀後，仍羈留金陵張氏軍中。其以《相業》一書授珪，當在此時。中齋詞《燭影搖紅》謂程雪樓行臺時治金陵，亦疑此時所作。

[2] 劉須溪詞有《摸魚兒·辛巳冬和中齋梅詞》，知光薦放還廬陵之年，最遲在辛巳冬日之前。即羈留之時為己卯、庚辰、辛巳（至元十八年）三年也。須溪《洞仙歌·壽中甫》云：「六年春易過。」計由臨安陷落之丙子至辛巳，亦恰六年。又須溪詞為中齋作者十五首，止此一首題年干，其明說「米嘉榮共何戡在」者亦止一首，似須溪有為中齋放還紀年意。

[3] 據《宋史》四五一《陸秀夫傳》。按元成宗大德元年丁酉（1297），距己卯厓山潰時十九年，溯生於紹定五年壬辰，凡六十六歲。《程雪樓文集》二十八《鄧中齋輓詞》云：「中齋吾所敬，一別幾飛螢，栗里藏名字，歐鄉有典刑，龍蛇那起起，鴻鴈已冥冥，淚眼河汾述，猶占處士星。」鳳林書院《草堂詩餘》收中齋詞，次於文文山、劉須溪之間，屬樊謝諸詞人皆謂此書寓遺民深意，知當時士林之敬重中齋，與文陸二公並有同見。

[4] 據《宋史》四五一《陸秀夫傳》。《傳》又云：「厓山平，光薦以其書還廬陵。大德初，光薦卒，其書有亡無從知，故海上之事，世莫得其詳云。」知修《宋史》者以不見其書為可惜。

[5] 元黃溍《金華黃先生文集》卷三《陸君實傳後敘》云：「陸君秀夫之死，楚人龔先生開既為立傳，且曰：……君實在海上，乃有手書日記，日記藏鄧禮部光薦家，數從鄧取之，不得。」是龔開知陸秀夫有手書日記存鄧家也。

[6] 阿魯圖等進《宋史》表為至正五年，光薦卒後幾五十年矣。

[7] 黃溍《陸君實後傳敘》題下自注云：「《（宋）史》既成，而鄧氏光薦家始以其《填海錄》等書上進。」知所進不止《填海錄》一種。《文山集·紀年錄》附注稱中甫所撰《海上錄》，疑即《填海錄》。

所著有《續宋書》[1]、《德祐日記》[2]、《祥興本紀》[3]、《文丞相傳》、《督府忠義傳》[4]、《相業》、《中齋集》、《東海集》[5] 等。

論曰：中齋先生為文文山客，厓山之潰，蹈海者再，黃虞稷稱其「以節行著」。黃佐撰《廣州人物傳》，次先生事，取資《厓山志》，頗多齟齬。夫中齋入元著書，猶曰《祥興本紀》，其不以存亡易節也審矣。爰據《文山》、《須溪》、《黃文獻》等集，及《香山縣志》錄存先生詩文，撰為此篇，以補《宋史》之缺。惜乎明人不能珍存先生遺著，遂使降二帝為廣王、衞王之坊本，滋多異說，豈不重可慨也夫。

---

[1] 《續宋書》見《千頃堂書目・史部》。黃潛《陸傳後敍》「陳寶降」下自注，有「《填海錄》及其所撰《祥興本紀》」之語。知《祥興本紀》是光薦所撰，應是《續宋書》中之一篇；而《填海錄》或即據陸秀夫書而撰之一種。按文文山已以「願持一寸丹，寫入青琅玕」相期，陸君實又囑以「君死後幸傳之」，故《續宋書》之作，乃成二公之志，猶元遺山之欲成《金史》也。

[2] 《千頃堂書目・史部》有鄧光薦「德裕日記」，「裕」為「祐」之譌。《危素文集》中《昭先小錄序》，言及見過鄧氏《德祐日記》及《續宋書》。

[3] 見黃潛《陸傳後敍》自注引。

[4] 文山《紀年錄》附注云：「宋禮部侍郎鄧光薦中甫所撰丞相傳、附傳、海上錄。」所云「丞相傳」，即《紀年錄》所引之「鄧傳」，所云「附傳」，即《文山集》十九附錄之「文丞相督府忠義傳」，疑皆《續宋書》中文篇。

[5] 編授張珏之書曰「相業」，見第 116 頁注 [2]。《中齋集》見《千頃目》，詳引在第 114 頁注 [1]。《東海集》見第 116 頁注 [3]。近人趙萬里輯有《中齋詞》十二首，見《校輯宋金元人詞》第三冊。趙跋云：「惜中齋集久佚，無由考見其行事為可憾。」又《吳禮部詩話》有光薦撰文《丞相畫像贊》及《輓文丞相詩》，厲鶚《宋詩紀事》七九引《天下同文集》、《青原山集》、《遂昌雜錄》等，共存詩八首。

附錄二　宋季行朝史料摭遺

（一）宋・周密《二王入閩大略》[1]

　　德祐丙子正月十二日之事，陳丞相宜中與張世傑皆先一日逃往永嘉。次日，蘇劉義、張亮節、張全挾二王及楊、俞二妃行，自漁浦渡江，繼而楊駙馬亦追及之。至婺，駙馬先還，二王遂入括。既而陳丞相遣人迎二王，竟入福州。丁丑五月朔，於福州治立益王（原注：即吉王，方八歲），改元景炎。立之日，眾方立班，忽有聲若兵馬至者，眾驚，甚久乃止。益王銳下，一目幾眇。

　　是歲，大軍至，遂入廣州，至香山縣海中，大戰而勝，奪船數十艘。繼而北軍再至，遂致敗績。益王墜水死，陳宜中自此逃去，竟莫知所之。繼又至雷州，駐碙洲（原注：屬雷州界）。立廣王（原注：後封衛王，俞妃所生），貌類理宗。即位之日，有黑龍見兩足一尾，改號祥興。至己卯歲二月，北軍大至，戰於厓山。初以乏糧，遣心腹齎銀上岸糴米，至是眾船出海口迎戰，而所遣者未還。張世傑云：若棄之而去，後來何以用人？遂決計不動。遂決戰，自曉至午，南北皆倦欲罷。平日潮信，凡兩時即退，適此日潮終夕不退，北軍雖欲少退，而潮勢不可，遂死戰。南軍大潰，王及樞密使陸秀夫（原注：字君實）、楊亮節皆溺海而死焉，時二月六日也。此役也，皆謂蘇劉義實著忠勞云。（原注：姜大成云）

---

[1]　見《癸辛雜識續集》上。

按：余首揭此材料，簡又文先生援引之，近有沿用而忽略其記碙洲事，似亦未檢原書也。

（二）《元經世大典·征伐平宋篇》注

十三年正月十九日，大軍至臨安北五十里，陳宜中、張世傑、蘇劉義、劉師勇等挾宋宗室廣王昺、益王昰遁去，宋主尋歸命。五月一日，文天祥、宜中、世傑等立昰於福州，收集潰兵，大假閩人爵賞，於是閩中亦變為昰用，昰發兵五萬取邵武諸城。六月，命彭都統征廣州，李恆救邵武，至建昌，民心少安，又破吳浚兵於南豐。九月，江西兵與東省阿刺罕、董文炳會征昰，招討也的迷失，會東省兵於福州，右副元帥呂師夔、左副元帥張榮實將兵赴梅嶺，與昰兵遇，敗之，昰遁海外碙洲。十四年九月五日，福建宣慰使唆都言：南劍州安撫司達魯花赤馬良佐遣人於福泉等處，密探得殘宋建都廣州，改咸熙元年。又聞：舟師至港口，為廣州官兵殺退，回。在海內有一山名秀山，又名武空山，山上民萬餘家，有一巨富者，昰買此人宅宇作殿闕，屯駐其兵，病死者甚多。十一月十五日，千戶教化孫獲南人，言宜中奔廣州。十二月九日，塔出圍廣州，宜中遁。十二日，宋將張鎮孫以廣州降，宜中尋與昰、昺、世傑、劉義等走香山。十八日，塔出會哈刺，言唆都遣人持書諭世傑，昰等驚潰，不知所之；塔出復遣哈刺觯與宣撫梁雄飛、招討王天祿將兵追襲之，與世傑軍遇於香山，奪戰艦、符印，俘其將吏李茂等。詰問之，茂對：世傑攻泉州，宜中眾尚數千人，船八百艘，比至虎頭山中流，為風壞船，眾溺死，宜以身免。二十三日，沿海經略使行征南左副都

元帥府兵追昰、昺、世傑等，至廣州七洲洋，及之，戰海洋中，奪船二百艘，獲昰母舅俞如珪等。十五年五月二十九日，昰將王用來降，言昰已死，世傑等立昺，改元祥興，士卒止萬人，而硇洲無糧儲，聞瓊州守臣欲給糧二萬石，海道灘水淺急，難以轉運，止有杳磊浦可通舟楫，宜急以兵守之。雷州總管忙兀觶等得其說，即命諸將進軍為戰守之計。

（三）元·黃溍《陸君實傳後敍》[1]

　　陸君秀夫之死，楚人龔開既為立傳，且曰：君實死事，得之里人尹應許，尹得之翟招討國秀，翟得之辛侍郎來莘；而君實在海上，乃有手書日記，日記藏鄧禮部光薦家，數從鄧取之不得，故傳所登載，殊弗能詳，至公之官位，為丞相？為樞密使？亦且貳其傳而莫能定，因字稱之曰君實而不爵，蓋闕疑也。僕往在金陵，客有來自番禺者，頗能道厓山事，云：宋益王之踐帝位也，不逾年而改稱景炎。[2]

---

[1] 黃溍《陸君實傳後敍》原注：「僕為此敍時，固已不敢悉從《客語》為信。及來京師，將取正於太史氏，而新史所記二王事，與《皇朝經世大典》自有不盡合者。史既成，而鄧氏光薦家始以其《填海錄》等書上進，又不能無所見所聞之異辭。謹撮其一二附注於舊文之下，以訂其訛舛，補其闕逸云。」

[2] 原注：歲丙子五月乙未朔，宋丞相陳宜中等立益王於福州，以為宋王，改元景炎，升福州為福安府。新史所書，無非其實；而《大典》據傳聞之辭，誤以景炎為咸熙云。

明年南遷化之碙州。[1]

又明年四月戊辰，殂於舟中。[2]

越三日庚午，衞王襲位，是日，黃龍見海上，群臣皆賀，乃升其地為翔龍縣。[3]

拜張世傑少傅樞密使、蘇劉義開府儀同三司殿前都指揮使、陸秀夫端明殿學士簽書樞密院事，餘進官有差。[4]

會雷州失守，而六軍所泊居雷化犬牙處，乃稍北徙廣州之境。五月，寓梓宮於香山縣，尋葬其地，上廟號曰端宗，陳宜中以宰相為山陵使。事畢，宜中一夕浮海去，莫知所之。[5]

六月，世傑等遂奉御舟抵厓山。厓山者，在新會縣南八十里鉅海中，與奇石山相對立如兩扉，潮汐之所出入也。山故有鎮

[1] 原注：（以下同）景炎改元之十一月，御舟入海，自泉而潮。十二月次甲子門。明年正月次梅蔚。四月移廣州境，次官富場。六月次古墐。九月次淺灣。十二月駐秀山，一名武山，一名虎頭山。入海至井澳，一名仙女澳。風大作，舟敗幾溺。復入海，至七州洋，欲往占城，不果，遂駐碙州鎮。碙州屹立海中，當南北道，隸化州。見新史及《填海錄》。

[2] 自井澳遇風，驚作成疾，以至大漸。遇風之日，新史以為丙子，《填海錄》以為丙寅。

[3] 庚午，龍見海中，書於新史；而《填海錄》以為：是日午登壇，禮畢還宮，御輦所向，有龍拏空而上，身首角目俱全，暨入宮，雲陰不見，非見於海中也。翔龍縣，《填海錄》以為祥龍，又以為龍興。

[4] 景炎新造之初，世傑為檢校少傅兩鎮節度使樞密副使兼福建廣南宣撫大使，劉義為檢校少保節度使主管殿前司公事兼諸路經制鎮撫大使廣東西策應大使，秀夫為中書舍人兼直學士院，累遷權尚書加端明殿學士，尋謫潮州。明年七月，劉義罷經制等使免兼殿司，十月，秀夫還行朝，除同簽書樞密院事。祥興嗣立，世傑以樞副秉國政，秀夫以簽樞裨助之，皆未嘗進拜，惟劉義以閩官累加開府儀同三司。《填海錄》所載視新史為詳，而秀夫之官位與新史異。

[5] 上廟號以四月辛巳，梓宮發引以八月乙亥，永福陵瘞宮復土以九月壬午朔，皆非五月，亦非先寓於香山。先是，宜中辭相位，而以樞密使都督諸路軍馬。御舟次碙州，眾舟皆來會，惟宜中自南蕃洋轉柁往占城，累召竟不至。山陵使乃觀文殿學士曾淵子，非宜中也。見《填海錄》，而新史不書。

戌，世傑以為此天險，可扼以自固，始不復事轉徙矣。[1]

宜中之去，劉義追之不能及。夜泊仙女灣，俄有天火飛集其舟，延燒眾舟幾盡。[2]

八月庚申，月貫南斗。己巳夜，復有星大如缶，眾小星千百隨之，自西北流墮東南海水中，聲隆隆如雷，蓋天狗云。[3]

其年十月，蒙古漢軍數路並進，江東宣慰使張弘範以舟師由海道出漳、潮，江西行省參知政事李恆以步騎出梅嶺。[4]

明年正月己酉朔，宋改年祥興，行元會禮。丁巳，登海舟。[5]

己未，弘範兵至厓山。庚午，恆亦以兵來會。乃先遣斷其汲道，舟人茹乾糒餘十日，渴甚，則下掬海水飲之，海鹹不可飲，飲者亦輒病嘔泄，軍中大困。[6]

二月戊寅朔，世傑部將陳寶降。[7]

癸未大戰，恆南向隨潮下，弘範北向隨潮上，夾攻之。[8]

自朝至日中，戰未決，會日暮，雨暴作，昏霧四塞，宋師部

---

[1] 六月己未，御舟發碙州；乙亥，至新會縣潮居里之厓山，起行殿；庚辰升廣州為祥興府，見《填海錄》。而新史謂升廣州為翔龍府。

[2] 劉義追宜中事無可考。

[3] 己巳星墜海中，書於新史，而《填海錄》以為：癸亥夜一鼓後，墜廣州南，初隕紅大如箕，中爆裂為五，既墮地，殷如鳴鼓，一時頃止。非墮落於海中也。

[4] 弘範拜蒙古漢軍都元帥，恆為副元帥，《大典》所書可考。而恆廟碑謂恆為都元帥，江淮省亦遣弘範至自漳、潮。

[5] 世傑就厓山巷棋結巨艦千餘艘為方陣，中艦外舳，貫以大索，四圍起樓櫓如城堞以待敵。見《大典》、新史及《填海錄》。

[6] 事見《大典》及《填海錄》，新史不書。

[7] 陳寶以二月戊寅朔降，見新史；而《填海錄》及其所撰《祥興本紀》，於正月乙丑書：統制陳寶與撥發張達忿爭而降，又書：統制陳忠與撥發張成不協而降，其實一事，而月日亦與新史不同。

[8] 恆乘早潮退，攻其北；至午潮上，弘範攻其南。見新史。恆廟碑不書，而弘範碑詳書之，但誤以癸未為癸未之明日云。

伍大亂，秀夫朝服抱宋主赴水死。[1]

後宮及百官吏士從死者萬數，國秀等文武班行之降者猶百餘人，是歲實至元之十六年也。[2]

世傑知大事已去，乃挾斗艦十八潰圍奔南恩州。五月庚戌，還至海陵港，遇颶風，舟敗死焉。餘眾盡沒，自是嶺海間無復宋軍旗幟矣。[3]

其事往往傳所不書，竊嘗有志論錄，附傳而行，以備本事，然恨其不能記陸公終何官。[4]

又慮所談三十年前事，道里時日，不容無小失謬，故久未敢稱述。後遊宣城，有蘇寶章者，縣小吏也，僕邂逅見之。戲謂曰：前朝貼職乃有寶章，誰以是字汝，縣吏亦帶職耶？其人無所對，旁一人曰：是人乃蘇劉義之子，以恩補官，嘗直寶章閣，人習呼之而莫能變，非字也。[5]

僕為之矍然起，將以向所記《客語》質之，其人故為不聞者，

---

[1] 世傑命小舟取幼主入己舟，秀夫懼世傑舟或不免，或反為人所賣被執辱，於是擁之負璽綬自沉。

[2] 國秀官承宣使，見《大典》。其父貴以復州迎降，而國秀在海上為龍神衞四廂都指揮使沿江招撫使，時貴已死，《填海錄》所載已詳，至敍國秀時，乃多誤書其名曰貴云。

[3] 世傑、劉義等三十餘艘斬纜乘潮而遁，世傑出仙女澳，得風入洋，退兵不及而還，舟至山東，欲向占城，土豪強之回廣東，乃回舟，艤南恩之海陵山，散潰稍集，謀入廣，擇宗室子立之。六月庚辰，颶風大作，將士勸世傑登岸，世傑慮為人所圖，即登柂樓露香以祝，風濤愈甚，墮水溺死，諸將焚其屍，函骨葬潮居里赤坎村。劉義出海洋後為其下所殺，見《填海錄》云。

[4] 秀夫終於端明殿學士同簽書樞密院事，見《填海錄》。新史書秀夫景炎之初為簽書樞密院事，祥興之初為左丞相，而《大典》於秀夫之死第稱之曰端明殿學士，蓋丞相文天祥家傳謂秀夫以樞密兼相者，言其以簽樞行相事耳，恆廟碑又誤以端明為資政云。

[5] 劉義次子景由直寶章閣，見《填海錄》。

徑去，僕嗟惋久之。因念，杞宋大國也，其不足徵久矣，它何譏
焉。姑敍《客語》傳末，庶幾傳疑之義云爾。至大二年春二月東
陽布衣黃溍謹敍。

> 按：錢牧齋極賞此文，以為遷、固之儔。明亡後，曾「書
> 《廣宋遺民錄》後」，有云「黃晉卿《陸君實傳後序》，可以
> 方駕千古，非時人所能辦」[1]。是此篇之價值，早有定評。而後
> 代方志家，竟視若罔聞，不能援證，何耶？因併著之，繫於
> 拙考之後。

（四）元 · 姚燧《中書左丞李公（恆）家廟碑》（節錄）

　　會宋幼主出降，其將相張世傑、陳宜中扶益王昰、衞王昺浮海
趨福，立益王，元以景炎；閩廣諸州應者十五郡縣，豪傑亦爭起兵
……益王殂，廟以端宗。世傑復立衞王，元以祥興，移柵海中厓
山，近去廣治四百里。授蒙古漢軍都元帥，經略廣東，進復梅循
英德與廣之清遠。走王道夫，擊凌震海上，獲船三百艘，擒將吏
宋邁以下二百人，又破其餘軍荼塘。江淮省亦遣都元帥張弘範至
自漳，與共圍厓山。勢計窮蹙，度不能國，資政陸秀夫抱衞王蹈
海死，獲其金璽；其將吏焚溺者十萬餘人，翟國秀、凌震皆降；
世傑遁去，風壞舟，死海凌港。南海平。[2]

> 按：《元史 · 李恆傳》云：「凌震等復抵廣州，恆擊敗之，

[1] 《有學集》卷四十九。
[2] 《元文類》卷二十一。

皆棄舟走，赴水死。」下文又云：「其大將翟國秀、凌震等降。」近凌氏裔孫鶴書撰《宋廣東制置使凌公死事本末》，大要據恆傳上文，稱震大節已著。惟《宋史‧二王紀》有「翟國秀及團練使劉俊等降」等語，因劉俊音訛，遂架為凌震。又謂《新寧縣志》載《靈湖山水記》殘碑有「至元廿五祀中奉大夫海北海南道宣慰使凌震篆額」之文，乃元初不知公已死，致有此虛授。至東圃有公洗馬潭，乃公糾合義軍之處，而非隱居之跡云。凌氏書尚未付印，余先見其稿本，因附記於此。

（五）前人《平章政事史公（格）神道碑》（節錄）

宋既亡也，其將相張世傑、陳宜中，挾益王昰、衞王昺浮海至福州，立益王，傳檄海嶺之州……後益王死，衞王繼立。趨廣州，壁海中厓山。曾淵子以參政，開督府雷州，公再諭降不可，進兵逼之，淵子奔碙川。獲其兩都統驛送京師。遣萬戶劉仲海戍雷。世傑將萬眾至，仲海出奇擊走，後羞墮其詐計，悉眾來圍，城中絕食，士皆煮草為糧，公抽兵漕穀欽、廉、高、化諸州，再破走之。用兵海南，詔公親戍雷，式遏西突。會衞王蹈海死。[1]

---

[1] 《牧庵集》卷十六。

附錄三　元皇慶刊本《二王本末》書後

　　《宋季三朝政要》第六卷題陳仲微錄之《二王本末》，前已略舉其重要誤點，疑為後人竄亂；頃得見羅氏影刊元皇慶本，獲窺此書初刊廬山面目，乃恍然於此書純出元人雜湊成編，而嫁名於陳仲微者。茲略去其體例不純文義欠通之處，而撮列其紕謬如次：

　　一為鈔襲：「次仙澳」條乃襲錄文文山《集杜》（說見本書78頁）。他如「泊清澳門……同趨三山」、「文天祥除右丞相」、「通州降矣」、「厓山形勢及兩方兵力」、「陸秀夫赴海」各條，皆鈔襲文山《集杜》第二十八、第六十二、第六十三、第三十四、第三十六、第五十二各小序。剽竊之多，令人駭愕！苟取原書對勘，即見此書乃雜撮而成。《集杜詩》成於獄中，仲微時在安南，何從獲見耶！

　　一為失實：如書景炎帝二次入廣，及蘇劉義卒於丁丑事（說俱見本書79—80頁）。

　　一為自相違伐：如前行書「祥興帝脫去」，次行接書「宋衞王赴海」（說見本書18頁）。其「宋衞王」一名，尤非從二王入廣之陳仲微所應下筆。

　　一為自暴其偽：如紀文信國歸葬，據《紀年錄》乃癸未年事，而此書小引謂壬午歲得之安南國使，是仲微先一年預書文信國葬事也。如謂文信國《集杜》乃錄自陳書，尤為匪夷所思。

　　一為不識主人：書中始終以廣王為景炎帝，以益王為祥興帝（詳本書18頁）。書前小引稱陳仲微為侍「左」郎官，與《宋史·

陳仲微傳》之「右」字不合；又稱乙亥除兵部侍郎，修國史，亦為《宋史》本傳所無（說見本書 77 頁）。此種萬不宜誤之誤，竟至於大誤而不一誤，詳其源委，實與《三朝政要》所紀相同。

《三朝政要》於咸淳德祐間紀二王事者，有下列四條：

1. 甲戌咸淳十年七月：上崩，議立長益王昰，宰相請立嫡，遂以長子昰即位。

2. 丙子德祐二年正月：十二日，秀王與奉皇兄廣王昰、皇弟益王昰出宮航海。

3. 同年：李庭芝守揚州，廣王登極，除庭芝以為右相。

4. 戊辰咸淳四年：閏正月，楊美人降生皇子（按：即景炎帝昰）。冬十月，夫人俞氏降生太子（按：即祥興帝昺）。十一月，皇后全氏降生皇子（按：即少帝）。

上舉四端，知此書亦始終以景炎帝昰為廣王，祥興帝昺為益王，其謬誤已無可推諉；至長、幼、嫡、庶之間，皇子、太子之異，上列各條，無一不互相違伐。

又編中咸淳七年書陳仲微為侍左郎官，「左」字雖與《宋史》不合，而實與《二王本末》小引相同。以全書主人及執筆主名兩疵謬點之相同，已可證明此二書實為同人所編。復次，《三朝政要》之紕漏，有與《二王本末》類似者：

一為鈔襲：如紀入洛師潰、景定公田、二張援襄諸條，皆從周密《齊東野語》卷五、卷十七、卷十八剪裁而成；其不應雷同之論斷語及語助詞，則一一照錄；其應沿舊之年月，乃偏予變更，遂使為南宋亡國開端之入洛巨變，移前九年。

一為失實：如《四庫提要》（卷四七）所摘全子才入洛事。

一為自伐：自景定元年八月已云「丁大全謫貴州，舟過藤州，

擠之於水而死」，而十月乃云「斬丁大全」。又如上列三皇子長幼之次，皆不能自圓其說。

此外尚有名號不一者，如稱元為「蒙古國」或「韃靼國」，前後錯雜。又有書事重複者，如方回降元凡兩見，一云：「循浙東，至嚴州，知州方回降。」一云：「建德府陷，方回降。」蓋照錄舊本，不知有內元內宋之分，而又不知合併也。凡此之類，不一一贅舉。

此書記科舉事，最為留意；大抵元皇慶以前，歷世祖、成宗、武宗三朝尚未設科取士，南人難於仕進，故三家村學究尤眷戀於此種舊制耳。羅振玉《續宋中興編年資治通鑑跋》云：「此書原與宋季《三朝政要》合刊。」《四庫提要》四七「續宋編年資治通鑑十五卷」條云：「劉時舉撰。是書始高宗建炎元年，迄寧宗嘉定十七年。書末附論，乃出於宋亡以後。」又云：「舊本目錄後書坊題識一則，稱是編繫年有考據，載事有本末，增入諸儒集議，三復校正，一新刊行云云。」知《三朝政要》始於理宗寶慶元年，實欲與劉時舉書之嘉定十七年啣接，殆擬完成南宋全史，故以兩書合刊也。《盒山書影》有元陳餘慶堂刊《續宋中興編年資治通鑑目錄》末葉，柳詒徵訂為麻沙坊刻，其木記五行，即《提要》所引書坊題識。所謂諸儒集議者，其於劉時舉書如何增校，暫置不論。若不著撰人之《三朝政要》六卷，必皆出此「諸儒」之手；使同為一人所纂，何致自相違伐如此。加以上舉同混二王名號，以及種種類似紕漏，可以斷言前五卷與第六卷同出「諸儒」所編。「諸儒」所以不自署撰名者，恐姓字不足以動人，於是第六卷所附之《二王本末》，乃嫁名於隨駕入廣之陳仲微；尚恐陳仲微非史學名家，於是又加以修國史之職；似此無知妄作，恐所謂「諸儒」

者，乃當時之「諸坊賈」耳。

　　朱彝尊《曝書亭集》四五跋劉時舉書，稱其有條理。又跋李氏《續通鑑長編》云：「陳氏（檉）、王氏（宗沐）、薛氏（應旂）目不睹是書，輒續《通鑑》行世，柯氏（維騏）、王氏（維儉）之改修《宋史》亦然，此猶夏蟲不可語以冰。」又跋《九朝編年備要》云：「編年自司馬溫公《通鑑》成書，即綱目改裁，未見其當；今傳陳檉、王宗沐、薛應旂所輯書，類皆謬誤疏略。」故陳餘慶堂之合刊劉書與《政要》，志雖可嘉，獨惜所集諸儒，學力不足，其為謬誤，竟遠越柯氏諸人以上。《越縵堂日記》同治癸酉正月《讀宋季三朝政要》記云：「書中皆稱大元大兵，卷末附論亦頗頌元德，其所紀既簡略，而敍次俚俗，全無義法。」故修方志者，苟欲斷章取義，以此書為立論根據，恐不免為竹垞、越縵之所譏也。

　　　　　　　　　　　　　　　　　　　　　　　十月五日

附錄四　南佛堂門古跡記

南佛堂門在鯉魚門東南，與北佛堂相望，今謂之東龍島。兩山聳峙，天險之阨，潮汐急湍，風濤鼓作，《方輿紀要》所謂「佛堂門海」者也。據咸淳石刻，先是，宋大中祥符五年有人建石塔於此。而蒲江林氏譜稱：理宗時，莆田林姓松堅、柏堅兄弟，業艖，往來閩粵海上，至堂門，颶作舟覆，舟中祀林夫人神像，賴神庥庇，得生還。於是松堅始建林夫人廟於南佛堂石塔之下。故老相傳，鑄鐘廟內，擊之，而北佛堂隔海遙應有聲。松堅之子道義，遂復建廟於北堂，即今大廟之前身也。咸淳十年六月，官富場鹽官嚴益彰來遊南北兩山，因道義與三山（福州）念法明之請，泐石為記。其碑在北堂廟後，雜樹交蔭，希見曦日；惟撥蒙密，乃得覿之。新安舒志言：「有石刻數行，字如碗大。歲久漫滅，內有『咸淳二年』四字尚可識。」當是另一碑矣。

余於本年（1959）1月18日遊北佛堂，9月23日復與諸生來遊南佛堂門，求所謂石塔遺址，邈不可問，山巔叢莽間，但見疊石磊塊，或謂即石塔所在，尤不類。緣岸坡陀起伏，居民六七家，以捕魚採藥為業。有洪聖大王廟，云是清季水師提督李準所建。其西數十武，與北堂大廟相望，土人謂即宋天后廟舊跡，片瓦無遺，僅可指認。自此迤東，陟登山巔，越林穿澗，大海在其前，有方形廢壘，雄踞山上，亂榛縈互，草長沒膝，無從進入，而日已西頹，遂悵然而返。

10月11日（即重陽後一日），復為南佛堂之遊，諸生七人

俱。既至，倩鄉人先於廢壘處，刊木通道，乃放舟遵海而行，尋
《新安志》所謂「石壁畫龍」[1] 者。稍轉西北角，怪石嶙峋，離列
海畔，衝濤旋瀨，鏘然有聲，其側有穴，窅不可窺。船上看山，
去如奔馬，趙君東成舉望遠鏡訝曰：「絕壁上有鑱刻紋理，豈畫龍
者乎！」因繫纜而前，履巉岩，至摩崖之下，石壁方廣約丈餘，
去水僅二丈，面極平整，刻紋以雙鉤線作異獸狀，巨首似夔，張
口有角，尾捲如鉤，彷彿古器物螭紋。與尋常圖繪之龍形頗異，
而更饒奇趣。惜苔蘚斑駁，吳君銘森乃繫繩腰間，攀登其上，塗
以白堊，遂得攝影。既而返舟，再訪古壘，時已亭午，土人方焚
去茅茷，而燼火未息，乃相與撲滅以進。至則頹垣四壁，高可丈
餘，圍牆以碎石砌成矩形，廣約千餘方尺。步入諦視，泥土掩
蔽，殘磚偶見，餘無所有。牆外約二三尺，地面微露拱形磚門，
似是守圍者之交通道（見附圖一二）。磚門舊為叢薄所掩，經焚
燒後始發現。此地俯瞰大海，尤擅形勝，風檣浪舸，經佛堂門出
入者，瞭然在望。鄉民謂清武官曾駐此。《新安志》云：「南佛堂
之山乃孤島也。康熙間設炮臺一座，以禦海氛。嘉慶庚午（十五
年），知縣李維榆詳請移建此炮臺於九龍寨海旁。」則此廢壘，即
炮臺舊址，未可知也。

　　古稱南海龍之都會，此間海澨，本蜑人之所居，龍之神話
尤富。說者謂其民繡面文身，以象蛟龍，行水中數十里，不遭物
害，號曰龍戶。意此龍形摩崖，殆古蜑人之所鑱刻，以鎮壓水
怪。吾聞新安有龍穴洲，每風雨即有龍起。[2] 新會有龍窟，傳為神

---

[1]　卷十八，《古跡略》。
[2]　見《輿地紀勝》。舊志云：「在新安縣西北四十里三門海中。」

龍出入之地。[1] 此刻石旁有窟穴，殆亦其類。或謂宋端宗舟次古塔，土人加刻龍形於壁間，是不然矣。

余又考大嶼山南石筍東灣，亦有古摩崖，刻回紋其上。自吳之金山，浙之良渚，贛之清江以南，至於大嶼山石壁村，其史前古陶器，多拍印雷紋，或圓或方，此石刻以方形回文六綴成一字（見附圖一三）。與《說文》古文雷字之𤃩為近，金文之𤴓，《古文尚書》中「中䨻」（即仲虺），俱為雷字。疑居民即以此圖形為雷之象，故石筍附近猶有巨雷劈開石壁之傳說。廣語云：「龍與雷同類，雷出則龍出，雷入則龍入。」海中苦龍氣，龍氣而雷隨之。[2] 凡此龍雷圖繪刻石，疑皆出古蜑民之手，不特有助於濱海初民宗教意識之探究，而於地方原始藝術，價值尤鉅，因連類紀之，以發同遊一笑。同遊者，蓋吳君銘深、趙君東成、陳君煒良、林君佐瀚、周君鴻翔、黃君繼持、李君直方云。

　　　　　時民國己亥舊曆重陽後一日也。越三日，饒宗頤記

---

[1]　亦見《輿地紀勝》。
[2]　參《嶺南叢述》卷四十五《鱗介》上。

跋

　　友人饒宗頤先生，頃著《九龍與宋季史料》一書，於宋季帝昰、帝昺等所駐碙洲地址問題，勾稽至富，厥功偉矣。其所引元黃溍《陸丞相傳後敍》與自注等，為前此粵中修志諸君子未及舉以參訂史實者。饒先生於治甲骨文餘暇，冒暑為此，而超邁已如是，欲不敬佩，詎可得耶！

　　惟是史實研究，非必即隨史籍種目增加，而可即為論定。元時，在野學者，言宋季海上史實，非得自行朝諸遺臣記錄，即得之自粵歸客，所為傳述。其據歸客所述為文者，如黃氏《後敍》，原稱《番禺客語》（黃氏自署為東陽布衣）。吳萊《南海山水人物古跡記》，亦言東陽李生，自海上歸，為言如此，是其例也。此類歸客告述，雖或偏而不全，然亦有其真實所在，要視學者取捨如何耳。

　　至行朝之遺臣記錄，則莫如陳仲微之《二王本末》，與鄧光薦之《文丞相傳》及《填海錄》與《祥興本紀》等。仲微所記，曾為人竄亂，多可議者。而光薦則與行朝關係較輕，且入元嘗為張弘範賓客（弘範命其子師事之），於自身出處，及交識有關事跡，或不無隱諱與飾語。自史料之分析言之，亦容有可置疑者。當龔開為陸秀夫撰傳，即以陸氏手書日記，藏光薦家中，數從之索取不得。迄《宋史》修成，而光薦後人，乃以《填海錄》等上進。則其有意隱諱，亦可知矣。黃氏以《填海錄》所記，與《宋史》有異，乃於《後敍》綴為注語實之，用意亦良苦矣。然亦考訂未

盡者，如書景炎二年四月，帝昰次官富場，六月次古壂。雖古壂一名，或可正前此諸書所記帝昰曾次古塔之誤。然古壂舊址，與官富場二王殿舊址相接。既次官富場矣，則於古壂，只宜書幸。不然，則如書某帝於四月次長安，六月次雁塔，終必為識者所議，以雁塔即在長安也。光薦雖亦撰述甚富，然得失究未易言。如黃氏《後敍》自注，引《填海錄》與《祥興本紀》，書祥興二年正月，統制陳寶與撥發張達，忿爭而降。又書統制陳忠，與撥發張成，不協而降。黃氏謂實為一事，是矣。而光薦復書，不為核實。古之良史，果如是乎？

黃氏《後敍》與自注，雖甚為錢謙益牧齋所重，至譽之為遷、固之儔。夫牧齋詞翰淹雅，然不以史名。未足以黃氏自注曾引光薦《填海錄》等，見重牧齋，遂謂光薦所言碙洲為化州所屬，事非孤證，而即為與大嶼山昔時一曰碙洲者，乃了不相涉也。

然此鄙見，亦只謂余治史觀點與饒先生不同而已。於其新著之精深博大，無所掩也。余學殖荒落，不足以云造述。重承饒先生以排印樣稿相示，且囑略抒所見，以志同於地方文獻，喜為勾稽，感懷高誼，期共歲寒。則信夫幸讀高朋雄文，與有大樂及大榮焉。

民國四十八年八月卅日羅香林敬跋於九龍寓樓

補記一

本書第三次校稿，得臺北吳守禮先生 9 月 1 日惠書，寄來臺中「中央」圖書館特藏組主任昌彼得先生錄示，館藏鄧邦述群碧樓舊抄本《宋季三朝政要》題記云：

> 《宋季三朝政要》，歷來罕見鈔本。此本雖屬舊鈔，而訛繆太多，不可卒讀。旋南後，見君閔內兄藏有元刻本，為世罕有，因乞歸校之。連年飢驅，時時閣筆，迄今始得卒業，其足以為此書之益者，可得十餘處。校者愈勞，而心愈喜。然此書寫手雖劣，亦有勝於元本者，不知昔日據何本移錄也……癸亥十二月初二日燈下正闇居士校畢記。

> 趙晉齊（魏）得元刻本以校鈔本，其鈔本之訛奪，與此本正同，而其所增出者亦同，是知從前鈔本，面目皆如此也。錢氏據趙校本刻入守山閣，至為矜慎，而仍不免有訛漏之處。蔣生《沐東湖叢記》已舉出之，是知校刻古書之非易也……甲子五月，群碧。

復錄示鄧校本陳仲微《廣王本末》一段：

> 丁丑十一月……唆都元帥棄之而（鄧校作「而之」）惠州，與西省呂師夔軍會合攻廣州，城陷，張振（鄧校作鎮）孫死之。大軍至仙澳（鄧校「仙」上有「次」字），與戰得利，尋望南去，止碙川。碙川屬廣之東莞縣，與州相對，但隔一

水。十二月，舟遷景炎帝（鄧校作景炎帝舟遷）於謝女峽。
陳宜中捃拖之占城。

鄧本世所未見，故為刊出。鄧氏曾據元刻參校，知元本《二
王本末》已有「碙川屬東筦縣」一句。當日修《宋史》者如黃溍輩，
不取其說，殆以其為坊賈之書也，說詳本書卷一及卷五。

羅振玉丁戊稿《續宋中興編年資治通鑒跋》云：「《續宋編年
資治通鑒》十五卷，曩有張氏照曠閣刻本，乃從屈雲峰寫本上版。
屈氏跋稱：乾隆甲寅春，借自任陽浦氏，係元人刻本。余二十年
前於廣州孔氏，得明鈔本，繕寫甚工……此書原與《宋季三朝政
要》合刊。余往歲既影印元刊《政要》，因取此書寫本付印……
並記此本之勝於張刻者，俾來者考焉。」

按：《續宋編年通鑒》，為東方學會排印本。臺中「中央」
圖書館藏有元時不著撰人明初刊黑口本《宋史全文續通鑒》凡
三十六卷。據昌彼得先生代查，該書目錄卷第卅六載理宗開慶元
年，迄景定五年，度宗咸淳元年迄十年，少帝德祐元年至二年，
並注附益王、廣王。惟書僅載至景定五年止，度宗以下俱缺。

關於「中央」圖書館藏善本之抽查，承友人方杰人、吳守禮
及昌彼得、梁子涵諸先生費神協助，又蒙日本靜嘉堂文庫長米山
寅太郎先生告知庫藏《二王本末》版本，嘉誼足感，謹識不諼。
宗頤附記。

補記二

鄧光薦《填海錄》,迄《宋史》修成後,其家始上進者,即文文山所謂「若時未可出,則姑藏之」之意。蓋光薦為宋臣,且以續宋書自任,自不願以資料供給史局,以自賈禍,觀所為篇,稱《祥興本紀》,其意深矣。光薦歿後,遺書始出,其《德祐日記》、《續宋書》,危素曾見之,深致嘆服。若黃溍指其陳寶、陳忠一事之複出,則其書本非盡定稿也。

黃氏與修《宋史》,於宋季行朝事,考索不遺餘力,而於陸丞相終於何官,未能明悉,深引為恨;其治史嚴謹,有足多者。若碙洲為二帝行都所在,萬無不知之理,其屢明言化之碙洲,所以示別他處同名之地[1],而無取於坊刻《二王本末》之說,正具深識。設其不然,彼必有以辨正化州說之非,一如他條之考核同異,何待今日之考證。且注明係碙洲鎮,隸化州;若大奚山,據吳萊所記雖一名碙洲,然其地未聞設鎮,則碙洲鎮自指在化州者,無庸置疑。

余曾以此書校樣出示簡又文先生,承惠賜序,指出拙作在史料上若干新發見,雅意足感。簡君復據拙書所述,提出綜合意見,再作《宋皇臺紀念集編後記》,其中曾舉出三事作為碙洲在廣之補證:

---

[1] 如吳萊記大奚山一曰碙洲。

（一）據余考出《二王本末》元刊本已有「硇川屬廣之東筦縣」一句，深信此語為仲微原文。

（二）據《厓山集》張氏自注引《填海錄》「井澳風大作，舟敗幾溺，復入海至十洲洋，欲往占城，不果，遂駐硇州」一語，謂硇洲應在十洲洋。又以《厓山集》所引《填海錄》有二句言及硇洲者，無明文謂為屬「化州」，遂疑《填海錄》本無「硇洲在化」之說。

（三）又據《厓山集》「世傑復還，收兵厓山，劉自立追至硇洲，世傑敗績，部將方、葉、章等被執」語，參合世傑出仙女澳……遇颶，在海陵山平章港死事，以證硇洲應在海陵山附近，在廣而不在化。

承簡君出示原稿，盥誦之後，又有不能已於言者，茲再申拙見如次：

關於第一點：元皇慶本於硇洲三見，均作「硇川」，同《集杜詩》，又「屬廣之東筦」句，東莞作東筦，清刊本有仍之者，如《學津討原》是也。按東莞縣名見舊城磚，有作莞及菅者，如「東莞縣修城甎知縣□」、「東菅縣」、「東菅第六」等磚[1]，不見作「東筦」者。《二王本末》元時刊本非一，然不為修《宋史》者所重視。纂《厓山志》張、黃先後兩家，均採鄧光薦、黃溍語稱化之硇洲。又於丁丑十一月下，不用《二王本末》此條材料。他若景炎帝於丁丑四月次官富場，而《二王本末》仍誤繫於丙子十二月，諸家均棄其說不取，因其所記時日事跡多不正確，固無足採者。此書舛誤之處，及襲取文天祥詩句等，余論之已詳。雖有元刊本，究屬

[1] 見汪兆鏞《廣州城殘磚錄》。

坊本，不得遂謂此條為十足可信也。

《厓山集》所以主碙洲在化者，必有其堅強論據，今集中言碙洲亦名碙川，注云「見前景致類下」，惜全書今不可見。余意碙洲所在，黃溍、張詡等所論定，已足深信。《二王本末》乃元人雜撮文山《集杜詩》等而成，實非出仲微之手者，若捃撡此偽書中一二語，而遽欲為翻案之論，竊期期以為不可也。

關於第二點：張詡所引《填海錄》，為其書中「帝舟次於化之碙洲」一句之注文，乃鈔自黃溍《陸丞相傳後序》注語，「十洲洋」應是「七洲洋」之誤（參看附圖一）。張志多襲自黃氏，而《填海錄》則出自鄧光薦，彼三人者，皆主碙洲在化州，又何必故為曲解。且黃氏原文稱碙洲鎮，自非化州莫屬。若《厓山集》所引《填海錄》兩條，亦皆鈔自黃溍注，彼已明言「碙州屹立海中，隸化州，見新史及《填海錄》」。則溍所見之《填海錄》，當有明確記載，讀者試取黃溍文與《厓山集》對勘便明。「新史」一名，《厓山集》作「元新史」[1]。

關於第三點：《厓山集》記劉自立追至事，乃本之《宋史‧張世傑傳》，加以剪裁。[2] 而增「追至碙州」一地名。《厓山集》固主化州說者，此謂元追兵已逾厓山，而西及化之碙洲，焉得以此遂謂碙洲地望近於世傑赴海之平章港，而證其必在大嶼山耶？蓋海陵山在陽江縣南，《清一統志‧肇慶府》「山川」條云：「海陵山舊名羅洲，又名羅島，有數峰，其中峰名草黃山，東峰為平章山，下為平章港。受山中漲潦以達於海，即宋張世傑舟遇颶風祝天赴

---

[1] 黃溍所謂新史，乃指元時新修之《宋史》也。

[2] 《世傑傳》云：「（世傑）奪港去後，還收兵厓山，劉自立擊敗之，降其將方遇龍、葉若榮、章文秀等四十餘人。」

海處。」陽江縣宋初為恩州治，慶曆八年曰南恩州，南恩州直屬廣南東路，故海陵山乃屬南恩州境，與大嶼山屬廣州，風馬牛不相及。今欲取其地以證碙洲在廣之說，則彌糾纏而愈不清矣。[1] 質之簡先生，未知以為然否？

---

[1] 《厓山集》引《填海錄》言「世傑與蘇劉義等三十餘艘……出仙女澳，得風入洋，追兵不及而返。舟至山東，欲向占城……艤舟南恩海陵山」云云，乃鈔自黃溍注語。此世傑當日在海上活動情形，乃先向東趨至仙女澳，旋復反舟欲西向占城，遂艤舟於途中之海陵山，航路先後甚明。且與劉自立追（世傑）至碙洲，亦非同時之事，不能牽引為說。

附圖

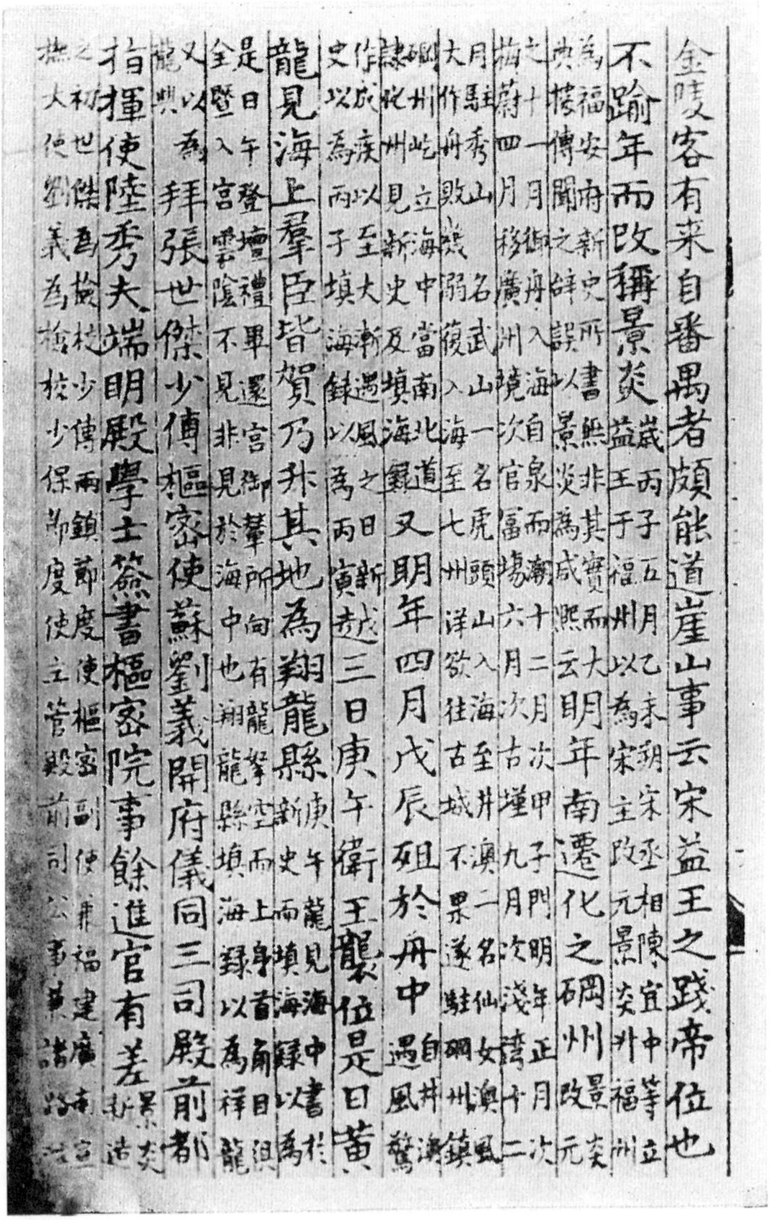

金陵客有来自番禺者頗能道崖山事云宋益王之踐帝位也

不踰年而改攝景炎益王于子福州以乙为宋朔主改元相陳宜中福州改景元炎

典為福安閩府之新史所書景炎非其實成熙而云明年南遷化之碙州改景元炎

海蔣作馬舟秀敗山號弱名薩武山嶺海一名七虎州詳山欲往古至城井不渪

大月之十四月移御廣舟入書景炎而云明年正月二次

史作懃碙州屺州屺見立新海中富塡海北觀之丙日新越三日庚午衛王襲位是日黃

全是日登入宮壇雲陰禮不畢還見於海中也向有翔龍縣塡海上以為祥目龍

龍見海上羣臣皆賀乃於其地為翔龍縣新史午龍見海中身塡海以書祥

又以為拜張世傑少傅樞密使蘇劉義開府儀同三司殿前都

龍興以為拜張世傑少傅樞密使蘇劉義開府儀同三司餘進官有差

指揮使陸秀夫端明殿學士簽書樞密院事餘進官有差

燃之初世傑義為榴枢少傅少保節度使樞密副使津福建廣南路以安大使劉傑義為榴枢少傅少保節度使主管殿前司公事其諸路

圖一　景寫元本黃集《番禺客語》

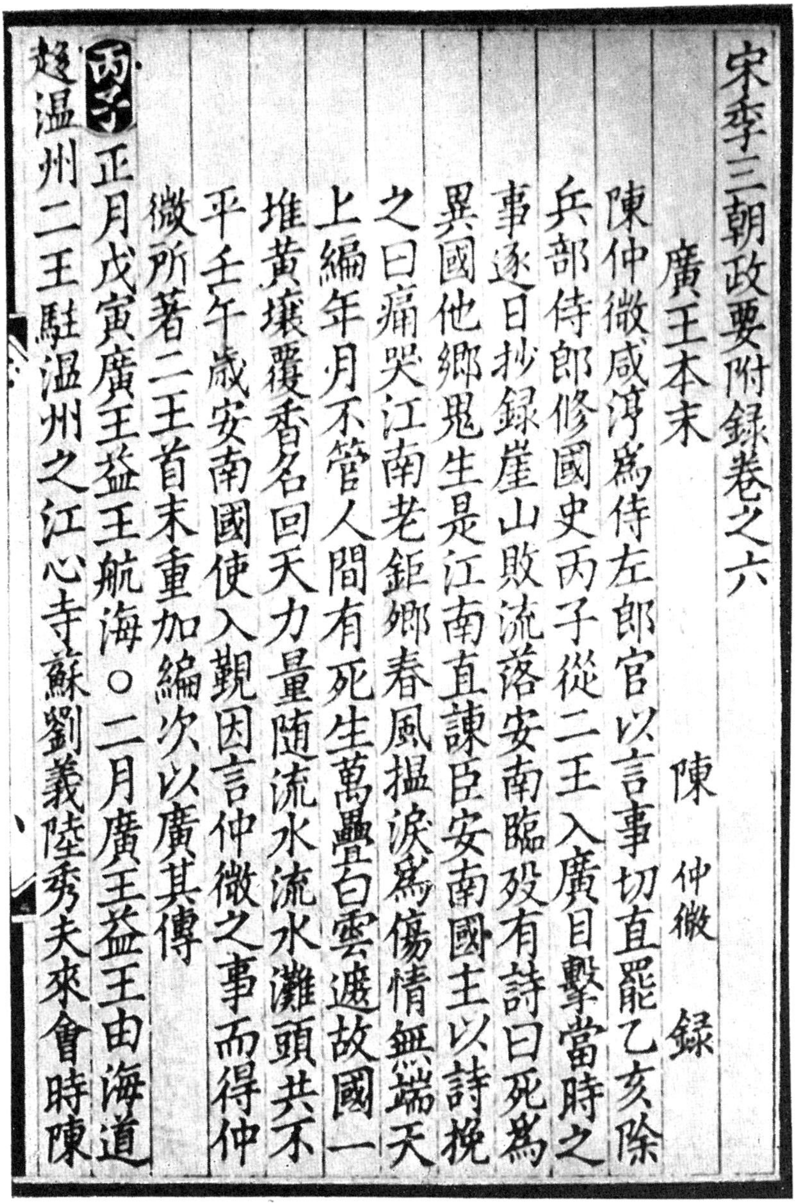

宋季三朝政要附錄卷之六

陳仲微　錄

廣王本末

陳仲微咸淳爲侍左郎官以言事切直罷乙亥除
兵部侍郎修國史丙子從二王入廣目擊當時之
事遂日抄錄崖山敗流落安南臨歿有詩曰死爲
異國他鄉鬼生是江南直諫臣安南國主以詩挽
之曰痛哭江南老鉅卿春風揾淚爲傷情無端天
上編年月不管人間有死生萬疊白雲遮國一
堆黃壤覆香名回天力量隨流水流水灘頭共不
平壬午歲安南國使入覲因言仲微之事而得仲
微所著二王首末重加編次以廣其傳

丙子

正月戊寅廣王益王航海○二月廣王益王由海道
趙溫州二王駐溫州之江心寺蘇劉義陸秀夫來會時陳

圖二　元皇慶元年建安陳餘慶堂刊《二王本末》。據羅氏《宸翰樓叢書》覆影

宜中海舶泊清澳門諸人往見之共議興復張世傑自定
海至同趨三山○三月甲戌二王至福州宣太皇太后手
詔廣王昰為天下兵馬都元帥益王昺為副元帥撒召天
下諸路忠義同獎王室○五月一日廣王登極于福州升
福州為福安府改威武軍為行都之門大都督府為垂拱
殿便廳為延和殿○詔改元以德祐二年為景炎元年○
遷上尊號太皇太后曰聖壽和福至仁太皇太后全太后
曰仁安皇太后少帝曰孝恭懿聖皇帝進冊母淑妃為皇
太妃封弟益王昺為衛王封壽和公主為晉國公主以九
月二十八日為天熙節○陳宜中左丞相張世傑少保樞
密副使陳文龍劉黼參知政事蘇劉義開府儀同三司殿
前指揮使司馬王剛中知福安府事是日百官待漏門外
門未啟有物哮吼聲朝士有驚仆者○黃萬石以北命諭

圖三　元皇慶刊本《二王本末》。首行龔文山《集杜》第二十八

來豐境天祥引兵就之會其軍亦潰收散兵復入汀而南

餉建窑邵武多有歸正者諸畲軍皆騷動尋為　大兵

收復天祥兵出會昌趨循州是冬、天祥兵屯南嶺是月

大元兵撤戍張世傑回潮州以圖興復○七月壬申張世

傑圍泉州將淮軍及昂眼許夫人諸洞畲軍兵威稍振蒲

壽庚閉城拒守興化陳瓚起家丁民義五百人應世傑八

月謝洪永任進攻泉州南門不克而蒲壽庚陰賂畲軍攻

城不力而求救於唆都元帥王績翁亦遣人至唆都慮趣

兵○十一月丙申唆都元帥大兵至福州甲辰至興化守

臣陳瓚不降城陷大軍屠城三時乃止血流有聲車裂瓚

五門以徇至泉州張世傑解圍去至潮州守臣馬發堅守

不下唆都元帥棄而之惠州與西省呂師夔軍會合及廣

州城陷張鎮孫死之　大軍至次仙澳與戰得利尋望

圖四　元皇慶刊本《二王本末》。末行襲文山《集杜》第三十一

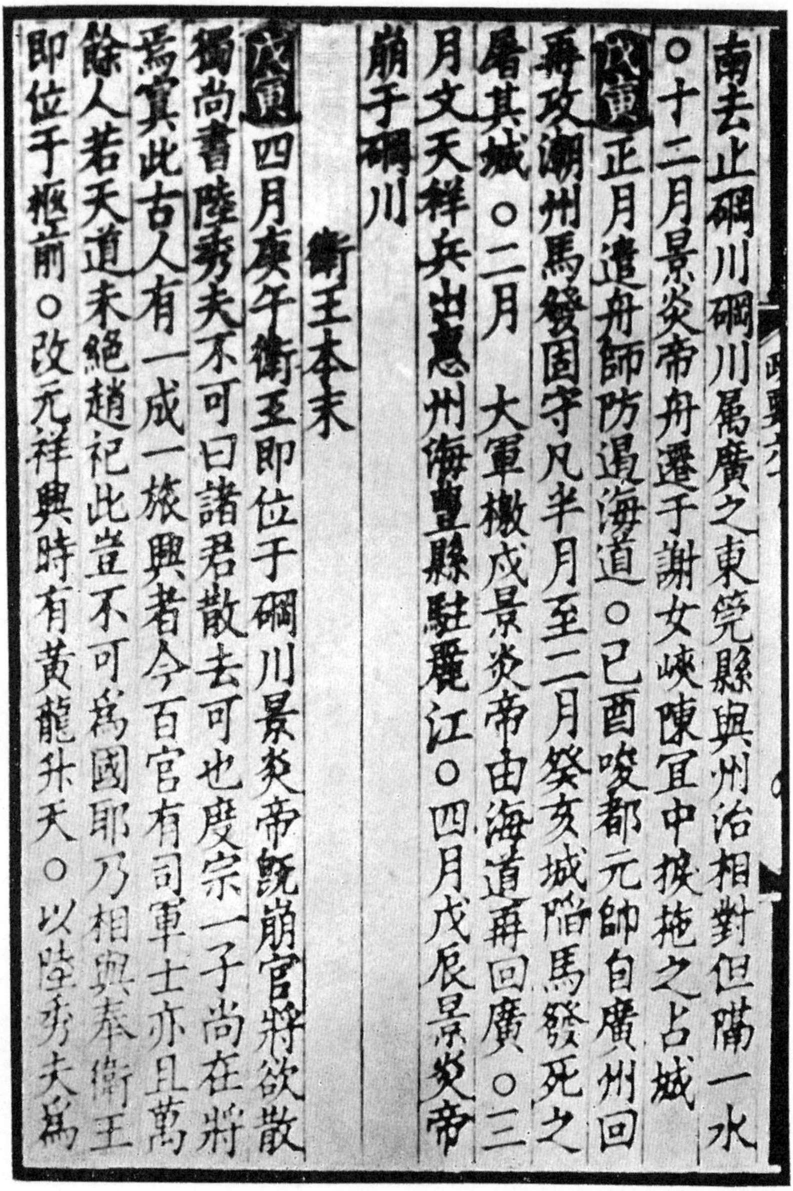

南去止硐川硐川屬廣之東莞縣與州治相對但隔一水
○十二月景炎帝舟遷于謝女峽宜中撥舵之占城
〔戊寅〕正月遣舟師防遏海道○己酉唆都元帥自廣州回
舟次湖州馬發固守凡半月至二月癸亥城陷馬發死之
屠其城○二月　大軍檄戍景炎帝由海道再回廣○三
月文天祥兵出惠州海豐縣駐麗江○四月戊辰景炎帝
崩于硐川

衛王本末

〔戊寅〕四月庚午衛王即位于硐川景炎帝既崩官將欲散
獨尚書陸秀夫不可曰諸君散去可也度宗一子尚在將
爲實此古人有一成一旅興者今百官有司軍士亦且萬
餘人若天道未絕趙祀此豈不可爲國耶乃相與奉衛王
即位于樞前○改元祥興時有黃龍升天○以陸秀夫爲

圖五　元皇慶刊本《二王本末》。衛王本末

圖六　南宋咸淳十年摩崖題記全景（吳銘深攝）

圖七　本書作者攝於北佛堂門咸淳麤崖之下。右為林仰山教授，中為簡又文先生

圖八　荃灣城門水塘。城門遺址，相傳鄉人於此築石城以抗元兵

圖九　南佛堂門西北龍紋刻石。《新安縣志》云：「石壁畫龍，在佛堂門，有龍形刻於石側。」即此

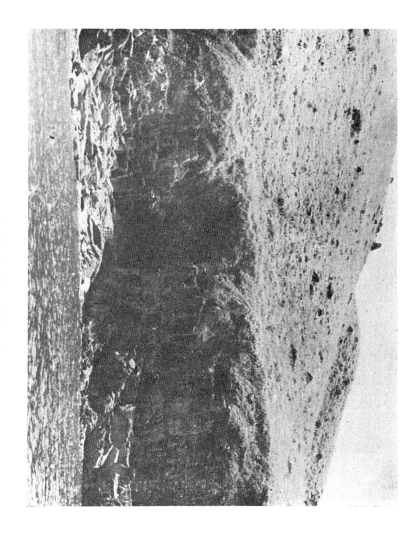

圖十　南佛堂龍紋石壁及附近之洞穴

圖十一　南佛堂門山巔廢壘遺址

圖一二　南佛堂山巔廢壘側新發現之磚門

圖一三　大嶼山南石筍東灣之雷紋摩崖（吳銘深攝）

香港古跡論叢

目　錄

九龍古瑾圍上帝古廟遺址闢建公園記　　160

港、九前代考古雜錄　　164

　　一、杯渡禪師、杯渡山、杯渡井　　164

　　二、大奚山、大姨山、大崳山、大魚山　　166

　　三、南頭與 Lantaw Island　　172

　　四、大步海與張珪　　176

　　五、元明海圖所見港九地名　　179

　　六、清初遷界時之九龍地理　　185

　　七、古瑾與古瑾圍　　187

　　八、香港與元明以來之香市　　188

　　九、小結　　190

香港考古話由來　　198

李鄭屋村古墓磚文考釋　　202

　　一、記墓葬所在地縣名及吉祥語　　202

　　二、造磚匠題名薛師　　204

由磚文談東漢三國的「番禺」　　　　207

前言　　　　207

一、廣東地區出土磚文的東漢年代與士氏家族　　　　207

二、番禺鹽官與南頭司鹽都尉壘　　　　209

三、深圳南頭紅花園「乘法口訣」磚墓主身份之忖測　　　　211

附論　　　　212

九龍古瑾圍上帝古廟遺址闢建公園記

宋景炎二年春，端宗自惠州甲子門，次于梅蔚，四月，幸官富場。嘉慶《新安縣志》云：「官富山在佛堂門內，急水門之東，帝舟曾幸此，殿址尚存。」又官富駐蹕條引《行朝錄》稱：「丁丑四月，帝舟次于此，即其地營宮殿，基址柱石猶存。」土人將其址改建北帝廟。今去嘉慶又百餘年，陵谷屢遷，舊日殿址，已不知所在。

陳伯陶謂廟右有村名二王殿，其地亦難確指。[1] 勘以舊圖，似在聖山之西。[2] 而北帝廟者，營構徙建，復非一次，今惟此上帝古廟之存耳。是廟曩有碑記，題乾隆重修馬頭圍北帝廟[3]，蓋自馬頭圍邨遷來者。馬頭圍，即昔之古瑾圍。或以《新安縣志》北帝廟與此為一址，雖難論定，惟此古廟相傳已久，且為古瑾圍耆老所崇祀。其地東面舊宋皇臺，橫亙一二里內，皆平疇田野，溪流浸灌，足為胥宇之處。意當日君臣倉黃之頃，迺慰迺止，其行在不難於附近求之，則此廟之有助於九龍史蹟之研考可知矣。廟

---

[1] 見陳伯陶《九龍宋王臺麓新築石垣記》，及其手書《侯王廟碑按語》。

[2] 參 1903 年工部局九龍分區測量地圖（S. D. I. Sheet Three）有地名 Un Wan Tun，在聖山西馬頭涌村之南。簡又文以為即「二王殿」音訛。按元人修《宋史》，次帝昺、帝昰事附瀛國公後為「二王紀」。「二王」一詞，乃元人貶稱，則此村名必出於元以後。

[3] 彭德先生於 1945 年前，曾見上帝古廟有碑記題曰「乾隆重修馬頭圍北帝廟」。

久傾圮，祇剩門額，香港政府念舊構之就湮，即此僅存者，恐歸
泯滅，謀所以永之。乃即其地，繚以堅垣，植以卉木，闢公園以
為遊憩之所，與宋皇臺公園相麗；俾登臨者，得以咨嗟詠慕于其
間，其抎揚文化史蹟之功，豈不懿歟。抑予聞之，端宗自閩入
廣，行宮凡三十餘所。[1]崖門而外，若秀山殿闕，《元經世大典》所
記尤備。惟此與彼，胥當日荒陬窮海之際，其君臣流離奔迸，固
知不可為而為之。雖時過境遷，其遺聞軼響，猶播傳于弔古歔欷
者之口，而敬慕之者，更千年而未有已。乃知是非之心，歷今古
而罔替，斯又闢是園者有關教化之深意，夫豈遊賞而已耶。園於
一九六二年九月一日落成，啟用之日，市政局議員李有璇醫生實
司其典禮。倡建園之議於政府者，新會簡又文，而潮安饒宗頤為
之記。

香港政府立石

（編者按：從原碑字形，與本書他篇有異）

---

[1]　詳嘉慶重修《一統志》卷四四二《廣州府》二「宋行宮」條。

九龍古瑾圍上帝古廟遺址闢建公園記

宋景炎二年春端宗自惠州甲子門次于梅蔚西月幸官富場嘉慶新安縣志云官富山在佛堂門內急水門之東帝舟嘗止此殿址尚存又官富驛條引行朝錄稱丁丑四月亮舟次于仙澳即此地營宮殿塞址桂石猶存土人掘其址改建以帝廟今去嘉慶又百餘年陵谷變遷日歲此已乙而此在陳伯陶嗣府方有村名二王殿其地亦難確指勘以舊圖似在聖山之西而此帝古廟之存耳是廟曩有碑記題乾隆重修三頭圍又在北帝廟右廟神非一次今但此上帝古廟平疇田野漢流灌溉古惟以古廟相傳已久且為古莊村者老所崇祀土地東面蓋宗之顚此廟久傾圯祇間頹香城之兩今仁瑾圍或以新安縣志此帝有助於九龍史蹟之研考可矣廟在不離九則此廟以永闢之乃即其地綠甃垣次木闢公園以為遊趨之所與宗白闢人廣行宮凡三十餘于其間揚其文化史蹟之功豈不懿哉予聞之端宗之際其君侶流離奔命乃知是非之心亦經世大典所記允備惟此與彼青當日荒陬窮海之口敬慕之者更廣千年而本有已元其遺聞挾響掮傳于千古欷歔者墓之離事過境遷都替斯矣闊當生齊司其典禮倡建園之議於政府者新會簡又文潮安饒宗頤為之記

香港政府立石

《九龍古瑾圍上帝古廟遺址闢建公園記》拓本

《九龍古瑾圍上帝古廟遺址闢建公園記》拓本
（局部）

港、九前代考古雜錄

一、杯渡禪師、杯渡山、杯渡井

　　僧史屢載杯渡禪師事，《高僧傳》（卷十）、《神僧傳》（卷三）、《太平廣記》（卷九十《異僧》四）略同，頗誇誕恢怪。《法苑珠林》（卷卅一）亦有傳，繫其事於西晉佛圖澄之前。謂杯渡「永嘉初中卒」。永嘉當是元嘉之訛也。杯渡與鳩摩羅什有一段因緣。《高僧傳·什公傳》云：

> 　　杯渡比丘在彭城，聞什在長安，乃歎曰：「吾與此子戲別三百餘年，杳然未期，遲有遇於來生耳。」

俄而什公遂覺四大不愈，因卒。

　　《酉陽雜俎》（《續集》四）：「俗說沙門杯渡入梁，武帝召之，方弈棋，呼殺，闍者誤聽殺之。」（下引浮休子說）此亦奇聞，人罕言及。《神僧傳》[1]記其自言：「貧道當向交廣之間，不復來也。」未云至屯門也。為杯渡立碑，似始於唐時。陳思《寶刻叢編》十五著錄有大和三年（829）立「唐杯渡禪師影堂碑」，僅存其目。

　　自南漢中宗（劉晟）乾和十二年甲寅，同知屯門鎮檢點防遏

---

[1]　茲據香港大學藏明永樂刊本。

右靖海都巡簡陳延，命工鐫杯渡禪師石像於屯門山。後主大寶二年己巳二月十八日，封屯門山為瑞應山，勒碑。屯門山自唐以來為廣州航海必經之路，其名已見於賈耽《四夷述》及周去非《嶺外代答》。天順《明一統志》七九：「杯渡山在東筦縣南一百九十里，上有滴水岩，一名屯門山。」嘉靖黃佐修《廣東通志》卷十三：「（東筦縣）又南九十里曰杯渡山……上有瑞應，下濱於海。宋元嘉中，杯渡禪師來居屯門山，因易今名。」[1]《清一統志》：「（杯渡山）東莞舊志：山在縣南二百八十里，即屯門山也。枕居大海，遠望黃木灣正相對……南漢大寶十二年，封為瑞應山。」[2] 宋元祐間，廣帥蔣之奇撰《杯渡山記》刻於石，今已湮泯不復存。[3] 而屯門之山，因蒙杯渡之號，迄今弗替。

考「杯渡」之義，原出《莊子》。《逍遙遊》云：「置杯焉則膠，水淺而舟大也。」而禪師竟能以杯渡海。本傳稱其「浮木杯於水，惟荷一蘆圌子，更無餘物」（圌字見《玉篇》，圜也。《集韻》簹，或作圌。《說文》竹部：簹以判竹，圜以盛穀者）。簹故世播為美談。六朝以來，杯渡之名，恆見於詩人之歌詠。庾信云：「飛錫遙來，渡杯遠至。」（《麥積崖佛岩銘》）李白句云：「門深杯渡松。」（《送禪師還南陵隱靜寺詩》）杜甫詩：「杯渡不驚鷗。」（《題玄武禪師屋壁詩》）其尤著者矣。

禪師遺跡，方志所載，有杯渡山。云：「海上勝境也。昔宋杯渡禪師駐錫於此，因名。山麓石柱二，相距四十步，高五丈，今

---

[1] 大東圖書公司影印本。

[2] 參梁廷枏《南漢書》、《南漢叢錄》。

[3] 文載《新安縣志》。之奇序稱：「《廣州圖經》：杯渡之山在東莞屯門界三百八十里。耆舊相傳，昔有杯渡師來居屯門，因以為名。」所據《廣州圖經》，殆為宋時王中行所纂者（《直齋書錄解題》八著錄）。

半折，府志謂昔鯨入海觸折。山腰為杯渡寺，前有虎跑泉，其左則鹿湖、桃花澗、滴水岩、瑞應岩、鸚哥石。後有石佛岩，杯渡石像在焉。佛座後有洞，深不可測。」（嘉慶《新安縣志·古跡》）此指今之青山也。志又云：「靈渡山在（新安）縣南三十里，與杯渡山對峙，舊有杯渡井，亦禪師卓錫處。」（《山水略》）此山今呼為大頭山。志又稱：「禪師自言當往交廣之間，遂以木杯渡海，憩邑屯門山，後人因名曰杯渡山。後駐錫於靈渡山，山有寺亦名靈渡寺。」（《新安志·人物·仙釋》。明黃佐《廣東通志·外志·杯渡傳》亦言「復駐錫靈渡山，山有寺亦名靈渡」）方志所記禪師事跡如此。是禪師南來初隱於青山，繼又移居靈渡山，故論港九佛教史跡，自以屯門與靈渡兩山為最古者。

靈渡寺傳為唐時肇建。今寺則重建於道光庚子（二十年），寺內懸鐘，銘識猶存，可為佐證。咸豐辛酉復重修之。門額「靈渡寺」三字，出張玉堂筆。玉堂，清末大鵬副將，時駐九龍也。寺內有陳澧書聯，文云：「雲動山移，泉飛石立；池平樹古，水曲花迴。」題辛亥十月試茅筆。辛亥即咸豐元年。知英人未至九龍以前，靈渡山實為當地勝跡。今寺本為道光時羅浮道士所創，開山祖黃姓，失其名云。

二、大奚山、大姨山、大崳山、大魚山

前本港專任官學生教師宋學鵬老先生，熟識港九掌故，嘗謂：

> 大嶼山凡四名：一即大嶼山，即今日所通稱。二為大漁山，或即大嶼山音轉。三為大奚山。四為大移山，本與大陸

相連接，蓋為今日寶安梧桐山相連，後以地層變化乃自成島嶼，有若梧桐山所移出者，故曰大移山。寶安竹枝詞稱「移山解石捉青龍」，蓋即指此[1]。

按：宋氏取自民間傳說，所言大漁山及大移山二名，清人記載復有不同。清初杜臻記：「大奚山在合連海中，俗曰大姨。又有小姨山與俱峙，中環三十六嶼，周圍三百餘里……後有萬姓者，據之呼為老萬山。」[2] 是大移乃大姨之音訛也。郭棐《粵大記·海圖》則「大、小姨」在內伶仃、外伶仃之間，居大澳之東，與雞公頭毗連。清代曾名此山曰大嶼山。阮元為兩廣總督，道光丁丑年間，巡海經此山有詩，錄之如下：

> 登沙角礮炮臺，閱水師畢，即乘水師提督之兵船，過零丁洋，看大嶼山，望老萬山，回澳門，閱香山兵，因題船額曰「瀛舟」。
>
> 茫茫沙角外，巡海一登臺。
> 潮向虎門落，舟從龍穴開。
> 瀛帆乘夜月，火礮動晴雷。
> 回楫澳門外，西夷迎節來。[3]

詩題之大嶼山即今大嶼山。乾隆庚戌（五十五年）晚香堂重校本《邊海全圖》正作大嶼山（原圖藏聯邦德國聯邦圖書館）。知大漁山乃大嶼山之音訛。現時呼大嶼山音如大漁山，然嶼字《廣韻》

---

[1]　羅香林《香港前代史論叢》引，香港大學文學會會刊，1965。
[2]　《粵閩巡視紀略》。
[3]　《揅經室》四集詩卷十一，丁丑。

在上聲八語，只有一音，與紋、序用徐呂切（古不讀 yü），其曰「大漁」者，蓋沿清人大嶼山之舊稱。嶼字在《廣韻》平聲十虞，羊朱切。

大嶼山宋時稱為大奚山，為私鹽出沒之地。《宋會要》：淳熙十年及十二年，禁大奚山私鹽。[1]《宋史‧寧宗紀》：「（慶元三年）夏，廣東提舉茶鹽徐安國遣人捕私鹽於大奚山……八月……知廣州錢之望遣兵入大奚山，盡殺島民。」葉適撰《錢公墓志銘》云：

> 大奚山盜起，故除祕閣修撰，知廣州。大奚孤峙海中，去州一潮汐，民煮鹽，自業漁採。亡命群聚，吏兵容之非一日。提鹽繩之急，怨而為變，諸司招捕……公麾諸軍奮擊，一戰殄滅。列柵山上，分兵戍之。微公決策，廣東幾亂。[2]

文中提鹽，指提舉徐安國，李心傳《建炎以來朝野雜記》及王象之《輿地紀勝》八十九《廣州古跡》「大奚山」條亦記其事。蓋取自嘉定時永嘉陳峴所修之《南海志》。嘉靖間黃佐修《廣東通志》卷六十七《外志‧峒獠》引《蒼梧軍門志》云：

> 東莞縣大奚山，在縣南大海中，有三十六嶼，周三百餘里。舊志云：居民不事農桑，不隸徵徭，以魚鹽為生。宋紹興間，招降其人來祐等，選其少壯者為水軍，老弱者放歸立寨，寨水軍使臣一員，彈壓官一員，無供億，寬魚鹽之禁，謂之醃造鹽。慶元三年，鹽司峻禁，遂嘯聚為亂，遣兵討

---

[1]《輯稿》二八之一九、二四。
[2]《水心先生文集》十八《華文閣待制知廬州錢公墓誌銘》。

捕，徐紹夔等就擒，遂墟其地。經略錢之望與諸司請於朝，
歲撥摧鋒水軍三百以戍，季一更之。兵戍孤遠，久亦生亂。
慶元六年，復請減戍卒之半，屯於官富場，後悉罷之。今有
姓萬者為酋長，因名為老萬山。過其境者悉與魚鹽云。

此於南宋置水軍屯於九龍（官富場）事記之甚悉，道光阮元修《廣東通志・前事略》亦轉錄之。考應檟於嘉靖三十年，以兵部右侍郎總督兩廣軍務，著《蒼梧總督軍門志》，其後劉堯誨重修之，郭棐撰後序。萬曆九年（辛巳）廣東布政司刊行，共三十四卷十五冊。臺灣「中央」圖書館，有其書，今有學生書局影印本，有關兩廣及安南文獻之要籍也。細查該書，實無此條。黃佐志修於嘉靖三十七年，必及見應檟原本。疑萬曆間劉堯誨重修，於應書大有更張，此條諒在刊削之列。今傳萬曆本《蒼梧軍門志》已非應書原貌矣。自陳伯陶《東莞縣志》卷三十《前事略》二引用此書誤作「倉格軍門志」，近日治香港史者輾轉從之[1]。「倉格」實為「倉梧」之形誤，亟宜訂正。

　　元朱思本《廣輿圖》，在東莞雞籠之下有大溪一名，大溪即大奚。以宋龐元英《談藪》記廣州境大溪山證之，可信。

　　考大嶼山原為海島之通名，福建沿海亦有是稱。在福寧衛所上二站即為俞山，一名大喻山。《籌海圖編》沿海圖分作「大嶼山」及「小嶼山」。

　　《武備志》海圖，官富寨下有大奚山、小奚山，分而為二，疑即如大嶼山、小嶼山之比。《粵大記》海圖有大小官富，均分為大小，其例相同。

---

[1] 如羅氏（香林）《香港前代史：一八四二年以前之香港及其對外交通》。

明代大奚山名仍極著稱，地理志書屢言及之：李賢《明一統志》為天順五年間官修之書，卷七十九《廣州府》，記大奚山云：

> 大奚山在東筦縣南四百里海中，有三十六嶼，周迴三百餘里，居民以魚鹽為生。

陸應陽之《廣輿記》，卷十九云：

> 大奚山，東莞海濱有三十六嶼。

大抵皆鈔襲舊志。東莞人祁順有《大奚山詩》云：

> 滄海波濤闊，奚山島嶼多。空中排玉筍，鏡面點青螺。洞古雲迷路，岩深鳥仳窩。昔人屯戍處，遺跡遍煙蘿。

祁順（1434—1497），字致和，天順四年進士，官至江西左布政使，弘治十年卒官。有《巽川集》，嘉靖三十六年刊本。其詩見《粵東詩海》卷十六，未選此首，此大奚山之見於吟詠者也。[1]

嘉慶時三水人范端昂著《粵中見聞》卷十二《地部九》云：「新安有人在大魚山海濱獲一海女……今大魚山與南亭、竹沒、老萬山常有。」此即大嶼山又名大魚山之來歷。

清時之大嶼山，其有關文獻，不遑縷述。袁永綸《靖海氛記》言：

---

[1] 《新安志・藝文》收此詩，作者姓誤作「祈」。

（廣東）提督孫全謀舟師與賊（指張保仔）戰於赤瀝角、大嶼山，又敗。十一月，孫全謀令此記嘉慶十三、四年間清軍與張保仔交戰經過。大嶼山亦其巢穴所在。

道光時，英人東來，其輪舶即停於大嶼山附近，其事屢見於清廷官吏奏摺。如道光十四年八月初六日，總督盧坤咨：

> 嘆咭利人：「其省城內不及澳門一帶，大嶼山炮臺等處，務須密汛弁兵，加意巡邏。」

其年九月初二日咨：

> 又東上諭有人奏，近聞嘆咭利國大船終歲在零丁洋及大嶼山等處停泊，名曰躉船。[1]

異舉一例，以見其餘。

大嶼山名稱，自宋以來，由於形音傳訛，即有不同寫法，茲據上述文獻，試表之如下：

宋	明	清
大奚山（《宋會要》） 大溪山（《談藪》）	大、小奚山（《武備志》海圖） 大、小姨山（《粵大記》海圖）	大奚山（杜臻《紀略》） 大魚山（《粵中見聞》） 大崳山（阮元詩） 大移山（宋學鵬說） 大嶼山（清吏奏摺）

---

[1] 俱見《粵海關志》引。

三、南頭與 Lantaw Island

今西人稱大嶼曰 Lantaw Island。近代僧明慧著《大嶼山志》謂「英文譯意為爛頭島」。余則疑其與南頭有關，恐是譯音，而非譯意也。

元時南頭為市。《南海志》墟市，東莞縣：有寶潭、思、土瓜、馬溪頭、南頭布（《永樂大典》廣字號），可證。

明置衛所，據《籌海圖編》所載：

> 南海衛：（1）東莞所旗軍三二八名
> 　　　　（2）大鵬所旗軍二二三名
> 沿海巡檢，廣州府官富弓兵五十名。
>
> 沿海衛所中路東莞縣南頭、屯門等澳，大戰船八，烏艚船十二。

此為港九地區明時海防兵員之實況。廣東全省有所四十五，惟東莞、大雞二所與港九有統屬關係。烏艚船即粵人稱之曰大眼雞船者也。[1]

南頭寨所在，本即今寶安之南頭。《蒼梧總督軍門志》云：

> 南頭寨，自大鵬、鹿角洲起，至廣海三洲山止，為本寨信地。分哨鵝公澳、東山、下官富、柳渡等處。
>
> 南頭海防參將一員，嘉靖四十五年設，駐紮南頭，兼理惠潮。（下略）

---

[1] 參《新安志》下「寨船」。

　　　　該寨兵船駐紮屯門，分二官哨，一出佛堂門，東至大
　　鵬……一出浪白、橫琴、三灶，西至大金……

黃佐嘉靖《廣東通志》六十六：

　　　　東莞南頭城，古之屯門鎮……縣有烏艚船號子弟兵者東西
　　二路。

按：《唐書·兵志》，置嶺南節度兵守屯門鎮。元設屯門寨。元貞
二年有屯門寨巡檢劉進程。[1] 南頭之前身，即屬屯門鎮也。
　　《新安縣志·海防略》稱：「萬曆十四年，總督吳、御史汪
（鋐）會題：南頭為全廣門戶，控制蠻倭，請以總兵移鎮……
（番舶）水淺不能行，必須由大嶼山經南頭，直入虎頭門……此南
頭所以為全廣門戶也。」南頭形勢之重要如此。[2] 杜臻《粵閩巡視
紀略》：

　　　　南頭戍地，古在屯門鎮……嘉靖四十五年議設參將一
　　員，駐紮南頭，兼理惠潮。萬曆四年，題定止防廣州，統兵
　　二千餘餘，艎八十艘，常駐新安。

至清世集防兵於碣石、虎門，此後南頭遂不復置戍矣。
　　後世南頭音訛為「爛頭」，猶存「爛頭營」之稱。《大嶼山志》
云：「爛頭營在大東山，又名大洞山。副峰下即爛頭營。由東涌東
行，或由梅窩西行，均可至其處。」

---

[1] 《永樂大典》一九九冊廣字號。
[2] 明尹瑾：《敷陳海防要務》，疏論南頭寨尤詳，可參看。

　　清廢所，設大鵬營，九龍及大嶼山一帶即轄屬於大鵬協鎮。
《粵海關志》卷二十云：

> 　　大鵬營駐廣州府東南五百里……分防五汛：一、鹽田，
> 二、沱濘炮臺，三、九龍炮臺，四、紅香爐水汛，五、大嶼
> 山炮臺。

> 　　水師提標左營，駐新安縣城，東至大鵬營……分防五
> 汛：一、蓮花逕，二、南頭炮臺，三、茅洲墩臺，四、屯
> 門，五、深圳。

是時水師提標，分中營、左營及右營，港九部分屬左營。梁廷枏
云：「左營原大鵬營，因管轄大嶼山東涌地方，山勢寬廣，查察難
周，兼商夷船隻，經由寄泊之道，防範最宜嚴密。且距大鵬城四百
餘里，實有鞭長莫及之勢。於道光十一年將大鵬營分作左右二營。」

　　《大嶼山志》「雞翼角」條下云：「在大嶼山西南尖端，形如
雞翼伸出……東邊即東灣，西邊即西灣，東灣山上……有炮臺
廢址，周圍二十餘丈，高一丈，牆厚五六尺。從前有門，現全座
湮沒在蔓草叢中。西灣舊有觀音古廟戰時被日軍所毀，廟側有石
筍，高約二丈，大約數圍，此地又名石筍村。」僧人修志，只能
描寫現狀，未遑檢讀志乘。考《粵海關志》（二十）記九龍及大嶼
山炮臺如下：

> 　　九龍寨炮臺，嘉慶十五年建。在新安縣，屬大鵬左營……
> 　　謹案：佛堂門原建炮臺一座，歸大鵬管轄，因年久圮
> 壞，該臺孤懸海外，無陸可通，又無村莊居民互相捍衛。且
> 距大鵬營縣城二百餘里，距九龍汛水程四十餘里，控制不能

得力。提督錢夢虎議將該臺移建九龍。

　　大嶼山石筍炮臺，嘉慶二十二年建。在新安縣，屬大鵬右營……

　　謹案：新安縣屬大嶼山，孤懸海外，四面皆水，為各夷船必經之處，內惟大澳口、東涌口二處，可以收泊。其東涌口向無汛房，惟大澳口額設守兵十三名，山上向有難翼炮臺，係大鵬營千總駐守，但與東涌、大澳相距遼遠，不能兼顧。嘉慶二十二年，總督蔣攸銛、阮元准部咨，於東涌口建汛房八間，又於東涌口獅山腳建炮臺二座，兵房七間，火藥局一間，大澳口楊侯廟後建垛牆十丈。

此清時營建炮臺之經過。

　　光緒十五年，兩廣總督張之洞撰《廣東海圖說》，其中記載：香港、九龍寨、汲水門、大嶼山各地，時屬大鵬協右營所管轄。又記綠營駐兵，計：

　　　　石筍炮臺，外委千總一員，兵三十名。沙螺灣汛兵五名。大濠汛兵五名。

上列建置皆在大嶼山之上。大濠，明時稱為大蠔，說見下文。

　　應檟《軍門志・海圖・南頭寨》說明云：「凡西洋船由此出入。」於老萬山云：「海寇每每停此。惟南頭西鄉捕魚柴船知消息。」大嶼山所以有一「爛頭」之名，疑因明時南頭設寨，其地即古之屯門鎮，大嶼山周圍皆在其控制之內。清於大嶼山設炮臺，駐汛兵於此，遂得蒙爛頭營之稱，「爛頭」其即舊時「南頭」之音訛乎。

四、大步海與張珪

九龍大埔壚自南漢至元為採珠重鎮，其地名曰大步海。《元史》卷一七五《張珪傳》云：「廣州東筦大步海及惠州珠池，始自大德元年。奸民劉進程、連言利，分蜑戶七百餘家，官給之糧，三年一採，僅獲小珠五兩、六兩，入水為蟲魚傷死者眾，遂罷珠戶為民。」《永樂大典》廣字號引元時方志：

> 布珠來自舶上，土產不多，劉漢時置媚川都以採之，至宋而廢。歸附後，元貞元年，屯門寨巡檢劉進程、張珪建言：東筦縣地面大步海，內生產鴉螺珍珠。又張珪續言，本縣地名後海、龍歧，及清螺角、荔枝莊共二十三處，亦有珠母螺出產。[1]

大步海屬東筦。東莞，《宋史》、《元史·地理志》、《大典》均從竹頭，《珪傳》亦同；惟邑中元至正七年鐘款始改從艸作「東莞」。張珪即弘範之子，而曾從鄧光薦受學者也。《明史》九《宣宗紀》：宣德三年「冬十一月癸酉，錦衣指揮鍾法保請採珠東莞，帝曰：是欲擾民以求利也。下之獄」。此處東莞之莞字已從艸作莞。

宋方信孺《南海百詠·媚川郡詩》有「潺潺愁雲弔媚川，蚌胎光彩夜連天」之句。南漢時，大步海一帶屬媚川都。《南漢書·後主紀》云：「於海鎮募兵能採珠者二千人，號媚川都，每以石縋索繫兵足，入海五七百尺，多溺死。久之，珠充積內府；焚爇之

---

[1] 《大典》卷一一九〇七。

後，尚餘美珠四十六甕。」[1]《永樂大典》廣字號引此作眉川都，「眉」字誤。[2]

步者，柳宗元《永州鐵爐步志》云：「江之滸，凡舟可縻而上下曰步。」韓愈《羅池廟碑》：「宅有新屋，步有新船。」又《孔戣墓誌》：「蕃舶之至泊步，有下碇之稅。」任昉《述異記》：「上虞縣有石䭵步，水際謂之步。瓜步在吳中，吳人賣瓜於江畔，用以名焉。吳江中又有魚步、龜步，湘中有靈妃步。昉按：吳、楚謂浦為步，語之訛耳。」楊慎《丹鉛總錄》云：「《青箱雜記》：嶺南謂村市曰墟，水津曰步；罾步，即漁人施罾處也。張勃《吳錄》：地名有龜步、魚步，揚州有瓜步。」是浦者，六朝人謂之步。後人又增土旁作埠（楊慎《譚苑醍醐》）。《東莞縣志》十二《方言》：「津謂之步。」方以智《通雅》謂後人遂作「埠」；《宋史·度宗紀》有武陽埠；《熊本傳》有銅佛埠，通用作埠，始見於此。步字後人復作埔；大埔於粵東地名習見。明時，饒平縣洲都又有村名曰大埔，嘉靖五年以置縣。楊纘烈《大埔音義考》云：「俗呼平曠高原僅宜果蓏蔬麻者曰埔，有音無字，蓋即圃也。」此云以埔為圃，恐未必然；惟由步、埗同音可轉為埔，則無疑也。

今之大埔墟，方志實作「大步」，與《元史》同。萬曆《粵大記》海圖有「大步頭」。嘉慶《新安縣志》卷上「都里」項官富司管屬村莊，有「大步頭、大步墟」；又「山」項有「大步逕，在縣東六十里，通九龍烏雞沙等處」是也。又卷十八《勝跡略》：「媚川都在城南大步海。南漢時採珠於此，後遂相沿，重為民害，邑

---

[1] 見《續通鑑》；北宋王闢之《澠水燕談錄》稱：「劉鋹據嶺南，置兵八千人，專以採珠為事。」語更誇大。

[2] 《大典》卷一一九〇七。

人張惟寅上書罷之。」惟寅字儒賓，東莞人。父登辰，號恕齋，
與其兄元吉，當元兵至東莞時，張弘範委元吉攝邑宰，登辰攝
丞，邑賴以安。登辰與趙必尢交契；惟寅即登辰長子也。曾上宣
慰司陳採珠不便狀，略云：

> 廣州府東莞縣媚川池，前代載籍所不紀，獨宋太學生陳
> 均著《宋朝編年》，載宋趙太祖開寶五年五月，即廢劉鋹所置
> 媚川都……珠池本處蜑蠻，日與珠居，有飢寒藍縷，特甚於
> 他處貧民。其不肯採珠以自給者，畏死故也……海門之地，
> 控接諸番，又有深山絕島，如大奚山，大、小蕉峒，皆宋時
> 海賊郭八、高登據巢穴，可以迯命……此劉鋹所以置三千兵
> 立為都，翼以相統攝者，正慮其迯散為患故也。名之曰募之
> 為兵，實驅之死地，不得不豐給衣食，羈縻其妻子。竊計一
> 歲取珠之利，不足以償養兵之費也。[1]

惟寅當日目擊採珠對蜑戶貽害之深，故極言其不便，此文實為重
要文獻。《宋會要輯稿》一四二冊，詔廢媚川都，籍其少壯者千餘
人，立為靜江軍，事在宋太祖開寶五年五月。入元以後，世祖至
元十七年詔廣東採珠。至泰定元年，張惟寅乃上言採珠不便，遂
罷廣州採珠蜑戶為民，仍免差稅一年[2]，惟寅之力為多。惟寅父登
辰，與張珪父弘範有舊，故其條陳能得朝廷採納，良非偶然。張
珪能詩，黃庭堅《松風閣詩》卷後有中書平章政事張珪題絕句，
其文采風流，猶可想見云。

---

[1] 《東莞縣志》卷五十四。
[2] 《元史‧泰定帝紀》。

五、元明海圖所見港九地名

現存元、明地理志書，間附有海圖。在廣東沿海部分，不少涉及東莞地名，茲舉目睹者，記其大要如下：

元

《廣輿圖》。此書原為元時朱思本所著。其廣東沿海地圖在東莞範圍，雞籠之下有「大溪」一名。雞籠即雞籠灣 (Kellet Bay)，明季錦田鄧氏十六世祖合墓文有「擇地土名香港、雞籠灣」語。宋龐元英《談藪》：「大溪山在廣州境，石壁有罅隙若鐫刻者。」大溪山當即大奚山，則大溪應是大奚（山）矣。

《南海志》[1]。為元時《南海志》，其廣州府境之圖，有大奚山、佛堂門。又廣州府東莞縣圖，內有官富巡檢，及仸堂門。仸堂門當是佛堂門。杜臻《粵閩巡視紀略》云：「佛門堂，海中孤嶼也，周圍百餘里。溯自東洋大海，溢而西行，至獨鼇洋，左入（原誤作八）佛堂門，右入急水門，二門皆兩山峽峙，而右水尤駛。番舶得入左門者為已去危而即安，故有佛堂之名。」此「佛堂」一名之由來也。佛堂為南中國海重要犄角，番舶必經之處。嘉慶《新安志·山水略》載「（佛堂門）北廟創於宋。古有稅關，今廢」。北佛堂天后廟後面有南宋咸淳甲戌（十年）鹽官古汴嚴益彰摩崖題刻記「南堂石塔建於大中祥符五年」。蓋自北宋以來舟人禱祀於此，市舶設關，佛堂門遂為海上重鎮，為輿圖所必載矣。《粵大

---

[1] 《永樂大典》廣字號（卷一一九〇五）。

記》海圖南佛堂與北佛堂分為二地，而北佛堂上有天妃官，即指今之大廟。佛堂門自明以後為南頭寨所轄六汛地之一。

明

　　茅元儀《武備志》所載《鄭和航海圖》
　　胡宗憲、鄭若曾《籌海圖編》沿海圖
　　應檟、劉堯誨《蒼梧軍門志》
　　郭棐《粵大記》
　　以上四種明人所作關於海防及粵省軍事、人文專著，均有海圖。郭棐之書成於萬曆間，尤為考證清以前港九地理之無上資料。此書海外只有顯微影本，流傳未廣。故茲記之特詳。並比勘各書中所見港九島嶼地名，列示於下：

《武備志》	《籌海圖編》	《蒼梧軍門志》	《粵大記》
官富寨	官富山	九龍 官富巡司	九龍山 官富巡司 大小官富
大奚山 小奚山	大奚山	老萬山	大小姨、雞公頭 大澳、石壁、沙螺灣、塘垻 螺杯澳、東、西涌 大蠔山、梅窠村
佛堂門		佛堂門	南佛堂、北佛堂
蒲胎山 （今稱蒲台）			蒲笞

（續上表）

《武備志》	《籌海圖編》	《蒼梧軍門志》	《粵大記》
翁鞋山（《東西洋考》九，稱名曰鞋洲，亦作弓鞋山）			翁鞋 長洲
泠汀山（文天祥詩作零丁洋）	泠汀山	伶仃洋	內伶仃 外伶仃
南停山	南停山 杯渡山 梅蔚山 （宋帝所經） 急水旗角洲	急水門 屯門澳	急水門 屯門、掃稈鬱（即今掃管笏）、琵琶洲、欖涌軍營、淺灣（宋帝所經，即今荃灣） 葵涌、尖沙嘴

《粵大記》圖中島嶼且出現「香港」一名，在其周圍之地名計有：

> 博寮（即舶寮洲）　仰船洲（即今昂船洲）
>
> 鐵坑　舂磑　赤柱　黃泥浦
>
> 大潭　鯉魚門　稍箕灣（今筲箕灣）

在尖沙嘴之上，有「春花落」，今所未聞。其他如：

> 將軍澳　榕樹澳（當即榕樹灣）
>
> 瀝源村　大步頭（即大埔）
>
> 鹿頸　赤澳　交塘村　荔枝窩
>
> 鹽田村……　以下從略

各圖中之地名，其值得研究者，略舉如次：

塘塽。今稱唐福，即大嶼山之唐福村。按：塽字見《廣韻》入聲一屋，義為地室。與《詩·綿》「陶復陶穴」之字同。

梅窠。今作梅窩。宋時為李昂英食采地。今在梅窩登岸涌口處有界石，上鐫「李府」、「食邑稅山」等字。

大蠔山。按：僧明惠《大嶼山志·形勢》云：「由主山起，東連大東山、白望山、大蠔山、鹿頸山、大肘山。」是大蠔山乃大嶼山主峰之一。清時置大濠汛兵於此，又作大濠。[1]

梅蔚山。見《籌海圖編》，位在官富山、杯渡山之下方，其西即為合蘭洲。據此圖梅蔚應屬廣而不屬惠。合蘭洲即合連海。陳璉詩云：「彌漫合蘭海，南與滄溟通。」杜臻云：「自急水角逕官富場，又西南二百里曰合連海，蓋合深澳、桑洲、零丁諸處之潮而會合於此，故名。」宋帝行朝自惠州先至廣之梅蔚，再次官富場。梅蔚山所在，叮依此圖求之，斷非梅窩可知。疑梅蔚為「馬灣」之同音雅名。

淺灣。《粵大記》圖，淺灣居於葵涌、欖涌之間，當即今之荃灣，絕無疑問。《新安志·山水略》「淺灣山在縣南九十餘里」，又官富司所轄客籍村莊「城門、穿龍、淺灣、長沙涌、葵涌子、青衣……」地望正合。荃灣，乾隆九年（1744）天后廟內大鐘作「淺灣」，不作荃灣，宋以來地名如此，荃又淺之音變也。

屯門澳。《蒼梧軍門志》「屯門澳」下云：「此澳大可泊，東南風至老萬山二潮水。」《新安志·山水略》：「九逕山，下臨屯門澳。明海道汪鋐帥土人殲佛郎機於此。」《志》又云：「正德十一

---

[1] 《粵大記》鹿頸在大步頭之下，當是另一山名，非大嶼山之鹿頸。

年，番彝佛郎機入寇屯門海澳。」按葡萄牙史家稱 Tamao 即屯門澳。

琵琶洲。《粵大記》海圖，琵琶洲在屯門及掃稈鬱之上方。掃稈鬱即今掃管笏，出土石器，為古時村落。《宋史·外國傳》注輦國 (Cola) 傳稱：「娑里三文離本國⋯⋯至廣州之琵琶洲。離本國凡千一百五十日，至廣州焉。」琵琶洲名實已見於《宋史》。

軍營葵涌。《粵大記》海圖有此名。明陳文輔撰《都憲汪公（鋐）遺愛祠記》稱：「海之關隘實在屯門澳口，而南頭則切近之。正德改元，佛郎機與諸狡獪湊雜屯門、葵涌等處海澳，設立營寨，大造火銃。」觀此足證葵涌為明代村名。「軍營」所在，當與葡人在屯門設置營寨有關。《新安志·山水》上「葵涌山在縣東百餘里，多生水葵」。

鯉魚門。《粵大記》海圖已見此名。屈大均《廣東新語》「海門」條有「鯉魚」，屬海門東路。清初鄭成功將領鄭建之餘裔鄭連福及其弟連昌分據大嶼山及鯉魚門。鯉魚門今濱海處有天后廟，其碑鐫：「天后宮，鄭連昌立廟，日後子孫管業，乾隆十八年春立石。」即其遺物。

急水門。《籌海圖編》有急水旗角洲。《粵大記》圖亦有急水門關隘。《廣東新語》「海門」條急水門屬東路。急水門亦稱汲水門。附近馬灣有天后廟，建於清嘉慶間。

稍箕灣。今作筲箕灣。據《粵大記》圖，明時已有此村矣。舊有天后廟，在今東大街，乃同治十一年重修者。

老萬山。《軍門志》：「老萬山，海寇每每停此。」《新安志·山水略》：「老萬山在大奚山西南海洋中，海面屬香山，其西炮臺係大鵬營。昔萬賊窠此，故名。」又云：「南亭竹沒山在老萬山南，周數十里。」又《海防略》：「萬曆年間，老萬山賊肆動。」

南亭山。《籌海圖編》有南亭山，亦名南亭門，為出海處。向祀都公廟，即指都綱。《東南洋考》卷九稱都公從鄭中貴卒於南亭門者也。黃衷《海語》上記：「往暹羅、滿剌加皆由東莞縣南亭門放洋。」即此。

蒲台。《武備志》作蒲胎山，《粵大記》作蒲笞，笞乃「苔」之誤書，《新安志‧山水略》「蒲苔山在縣南洋海中」，正作蒲苔，今亦作蒲台。其地南邊有雷紋石刻摩崖遺存。

石壁。《粵大記》圖有石壁，在大澳之下。明時已有此地名。前據某君言：「大嶼山石壁有馮姓，其祖先原居九龍馬頭圍（即古堽圍），宋帝移蹕它處，後即遷居於此，以避元兵。」則石壁有宋末居民，馮姓即其一也。

赤柱。《粵大記》圖，赤柱在黃泥涌之上。《新安志‧山水略》：「赤柱山在縣南洋海中，延袤數十里。諸山環拱，為海外藩籬，有兵防守。」則明、清以來之海防重鎮。赤柱有天后廟，內舊銅鐘有「乾隆二十三年」數字可辨。

大潭並鹽田。名見《粵大記》圖。羅書引錦田鄧氏道光呈文內云：「祖遺新安土名香港、群大路、大潭、覆潭、橫瀝、洛子瓏、大撈下、鹽田……田稅八頃零。」內諸村名若香港、大潭、鹽田均見《粵大記》海圖。《新安志‧山川》上：「鹽田逕在梧桐山腰。元季邑人蕭觀庇造石砌，有碑記。」今已無存。

尖沙嘴。與今之稱尖沙咀相同。《新安志》有「芒角」（即旺角）與「尖沙頭」二村，不稱嘴而稱曰「頭」。惟據《粵大記》，知尖沙嘴原是明代村名。

舊式海圖所繪島嶼位置，往往不甚符合實況，但所記地名，對於探究地理沿革極有幫助。明清輿圖資料尚多，如臺灣「中央」圖

書館即藏有雍正絹本各省沿海口隘圖，惜尚未見。如有人能進一步將各種不同海圖作集合研究，或可理出頭緒，本文但提供初步看法而已。

六、清初遷界時之九龍地理

順治三年，東莞張家玉舉兵抗清，敗死。其參將李萬榮奉永曆年號，據新安大鵬所，並佔領雞婆山，於針山（沙田圍之西）築城扼守，至順治十三年，始為清總兵黃應傑所困降[1]。是時九龍地區屬於南明李萬榮所佔領將近十年。清制，九龍地區屬大鵬管轄，自順治十八年，新安始執行遷界。詳細具見羅氏《前代史》，茲不復述。黃梧於順治十四年獻海禁之議，至十八年八月始實行，事具見《東華錄》。及康熙二十二年八月，施琅入臺灣，鄭克塽降，臺灣平。十月乙丑，詔沿海遷民歸復田里[2]，同年十一月工部尚書杜臻奉詔與內閣學士石柱[3]往粵閩撫視，畫定疆界，至二十三年五月竣事。臻述所經歷，著《粵閩巡視紀略》一書，向僅有《四庫》本，又有孔氏嶽雪樓影抄本[4]，不易見到，近年經已影印流通。茲錄其有關九龍半島之記載如下：

> 至大鵬所為新安邊，邊界以外，距海二十五里，洪田
> 二十里，嶺下、鮎魚溪、螺湖、玉勒、上寮、白沙、燕村

---

[1] 《東莞縣志‧前事略》四。
[2] 《清史稿》七《聖祖本紀》。
[3] 《清史稿‧杜臻傳》作席柱。
[4] 馮平山圖書館藏。

十五里，粉壁嶺、龍躍頭、穀豐嶺、石岡、田寮、白水、鄧家蓢十三里，黎峒十二里，上水十里半，天雲、小坑、上下屯門、漢塘、高莆、錦田、豐園蓢、阿媽田、平山園、山下村、大井、田心、綱井、石祖廟、新橋、丙岡，及附海六七里至一二里河上鄉等。（張屋村、雞雉、上下步、赤尾、隔田、新英村、江下穀、田龍塘、東山、流塘、坵心、臣田、北灶山、豬凹、西鄉、鼇灣、固戍、大坑村、龍騎、大對山、橫岡、大嶺下、碧州、屯村花山、犬眠地、鶴藪、南蛇、牛欄山、西貢、西洋尾、王母澗、沙岡、下沙、歐陽、水背、疊福、關湖、溪涌、奇埔、上下埔梅大灣、鹽田、麻雀嶺、大步頭、涩涌、錠角村、大梨園、牛騎龍蛟塘、大浪、馬鞍山、蠔涌、天妃廟、舊官富司、衙前、九龍、古瑾、淺灣、黃泥鋪、橫洲，沙岡下村、竹園、官埔、米步、飯籮洲、新田、洲頭、勒馬洲、蛟洲、白岡、橋頭、小橫岡、石下、新灶、沙頭、沙尾、西涌、榕樹角、白石山、禾岭岡、石園塘、黃田、茭塘、福永司、灶下、嘴頭角、歸德場、白頭岡、大步涌、漁涡、大田、茅州山、茅州墟、東煮鋪、潭頭、港口、上下山門、上頭田、莆尾、黃松岡、石岡、溪頭、沙浦、劉岡涌頭塘、周山、碧頭村）。暨佛堂門、大奚山、鵝公澳、榕樹澳、白沙澳、雞棲澳、南頭、香港、塘福、梅窩、石壁、螺杯澳、大澳、沙螺灣諸海島。皆移併續遷，共豁田地一千三百五十九頃有奇。於大鵬所置重兵，又因界設守，屏界稍復。今從新安營撥守碧頭諸汛。候閱定。

書中所記鄉村及海島，十分詳悉，為考究清初九龍地理之極有價
值資料，敍述遷界恢復各村，歷歷如繪，尤足珍視。其中不少地
名如螺湖（當即羅湖）、上水、上下屯門、錦田、榕樹澳（即榕樹
灣）諸名稱，今猶斑斑可考。其村名可與《新安志・墟市》互勘，
計有十分之六，互見《新安志》。

在遷界期間，海上活動見於記載者，舉一二事如下：

濠涌。康熙十一年九月，臺灣李奇遊移濠涌登岸，知縣李可
成督兵搜捕。

官富。康熙三年八月，撫目袁四都不遷入界，潛於官富、歷
源為巢，四出流劫。[1]

清初遷界經過，羅書引雲間王沄著《粵遊紀略》，及王崇熙
《新安縣志》十二《海防略》「遷復」條。而屈大均《新語》卷二「遷
海」條記其原委尤詳，謂「民既盡遷，於是毀屋廬以作長城，掘
墳塋而為深塹，五里一墩，十里一臺」。《新安志》十一載清初因
遷界而設立之墩臺，如大步頭、麻雀嶺，其名均見於杜氏之書，
當日新界自上水至河上鄉皆在被遷之列，杜臻所記足以補正羅書。

七、古墪與古墪圍

杜臻所記村名有「舊官富司、衙前、九龍、古墪、淺灣」。古
墪與淺灣均在九龍範圍之內。地名作古墪，與元人記載相符。《新
安志》作古瑾，乃寫訛。

宋季行朝所經記載，現所知者，以元《黃溍集》中《陸君實

[1] 《新安縣志》十三《寇盜》。

傳後敍》自注引《填海錄》為最早。《填海錄》蓋鄧光薦據陸秀
夫《海上日記》[1] 寫成。其注稱:「(景炎二年)正月次梅蔚,四月
移廣州境,次官富場,六月次古墐,九月次淺灣。」宋時官富場
所轄甚廣,古墐與淺灣皆屬官富場之小地名,與杜臻所記正合。
古墐,明弘治《厓山集》及嘉靖《廣東通志》則作「古塔」,說者
或謂在南佛堂門,並舉大廟宋咸淳十年鹽官嚴益彰石刻題記「考
南堂石塔建於大中祥符五年」當之,殊為不當,應從黃溍作古墐
為是。古墐村即今九龍馬頭圍之地,又名古墐圍,清屬官富司所
轄 [2]。乾隆間,土人改建北帝廟。至馬頭圍之名,則因古墐村不遠
處有一大石,形如馬頭,因名馬頭角,其村遂名曰馬頭圍。馬頭
圍上帝廟遺址,港府嘗闢為公園,1962 年 9 月落成,余為撰記勒
於石。[3]

八、香港與元明以來之香市

杜臻書中所記九龍村落,最可注意者,如出現香港一地名,
廁於南頭之下,塘福、梅窩、石壁之上。萬曆年間為劉堯誨《蒼
梧軍門志》作後序之郭棐,著有《粵大記》,其書海圖上已見「香
港」島嶼名。是香港一號,明時已有之,不自清始也。羅氏《前
代史》據《新安志・輿地略》都里內有「香港村」,又引錦田鄧
清道光間所製「稅畝總呈」中所載族人武生鄧致祥原稟,述及「康

---

[1] 《四部叢刊》景寫元本。
[2] 《新安縣志》二《都里》。
[3] 見本書《九龍古墐圍上帝古廟遺址闢建公園記》。

熙三十三年墾復原遷，土名大潭、橫瀝、香港、大撈下、洛子壟等處稅三頃三十二畝」。內有香港名稱。羅氏因之有「香港一名早見於康熙時代文書說」[1]。今按鄧家墾復原遷田地在康熙三十二年，正當杜臻查勘恢復遷界後十年，杜氏書實為官方記錄，尤為可據。

香港一向以販香得名，《廣東新語》香語稱為莞香，陳伯陶《東莞志‧物產》謂：「莞香至明代始重於世。」（羅氏沿其說，稱朱明以前似未見莞香一名）其實不然。按《永樂大典》廣字號云：

> 欖香，東莞縣茶園所產白木香，亦名青桂頭。其水浸漬而腐者，謂之水盤頭。雨浸經年凝結而堅者，謂之鐵面。惟欖香為上，即白木香珠，上有蛀孔如針眼，剔白木留其堅實。小如鼠糞，大或如指，如欖核，故名。其價舊與銀等。[2]

此乃出於元代方志。其言欖香價與銀相等，知元時莞香已為人所重視如此。屈大均《廣東新語》二十六香語「莞香」條謂：「香在根而不在幹，幹純木而色白，故曰白木香。」又「諸香」條云：「有橄欖香，橄欖之脂也，如黑飴狀。以黃連木及楓膠和之，有清烈出塵之意。」明時粵東有四市，其一即為香市（餘為藥市、花市、珠市），市「在東莞之寥步，凡莞香生熟諸品皆聚焉」[3]。東莞以香市為輸出大宗，人稱為莞香，每年貿易額值銀錠數萬兩以上。香

---

[1] 《前代史》增訂本，120 頁。
[2] 《大典》卷一一九〇七，第二百冊。
[3] 《新語》卷二。

港之得名，由於其村為運香販香之港口。白木香或名香仔樹，屬
於喬木之雙子葉植物，新界大埔、林村、粉嶺各地，舊尚有野生
香木遺存。

由上所考，香港一名明時已見於記載，而香木之種植可追溯
至元，非始於明也審矣。

香港村一名肇於何時，是否起於明代，尚難質言。因白木香
之成市，元已有之。考東莞之有志書，元至大間郭應木修、陳庚
纂之《寶安志》，其書刻板毀於兵燹。黃佐《通志》著錄有劉存
業《東莞志》十五卷，其書久佚。[1] 明人所修《東莞志》，現只存
盧祥所修志，北京圖書館藏有重刻天順本存卷一至卷三，其書未
見。其中鄉村都里名稱或有載錄，亦未可知，附記之以待它日之
稽考。（清初郭文炳重修《東莞志》則太簡略）

九、小結

港九前代史事，向以嘉慶王崇熙修之《新安縣志》及宣統間
陳伯陶纂之《東莞縣志》為主要依據資料，羅香林先生著《香港
前代史》，即以二書為本，參以《新界族譜》演衍成篇。竊以方志
及譜牒往往不大可信任，必須追其史源，方免貽輾轉剿襲之譏。
本文之作，所以繼曩日所著《九龍與宋季史料》並補其缺遺。如
論大奚山又稱大姨及大崳，即俗傳大移山、大漁山之來歷；勘倉
格為蒼梧之形訛，以溯黃佐《通志》引用應檟書之由來；述康熙

---

[1] 存業為明弘治二年進士。錦田鄧氏《師儉堂家譜》八世祖「惟汲家傳」下附載
存業撰之《宋贈稅院郡馬紀略》一文。

時杜臻勘界，以見清初港九被遷村落之真相；據《永樂大典》元時白木香之記錄，以訂陳伯陶、朱明以前不聞莞香之誤。又香港一名，已見於萬曆間郭棐之《粵大記》。區區一得，或可補羅著之不逮云。

　　以上若干事，久蓄疑於胸中，未遑寫出。近時香港電臺囑談港九史事；而日本學人若友好白島芳郎教授輩蒞港探討當地人文史跡，屢承明問，遂忘其譾陋，用以暇日，綴成斯篇以報之。作者並記。

郭棐《粵大記》之一

郭棐《粵大記》之二

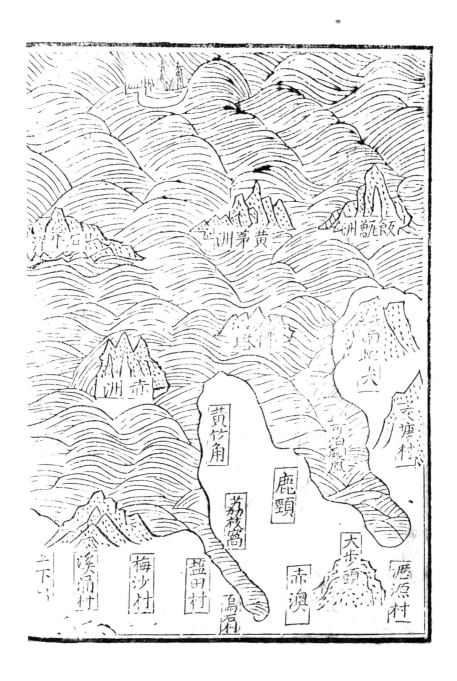

郭棐《粵大記》之三

香港考古話由來

　　香港回歸在即，再過三十幾天便重返祖國的懷抱。香港久已是中西文化的交叉點，多年以來受到現代化、國際化的洗煉，7 月 1 日以後香港成為祖國門檻的衛星，將會展開一條更加壯闊、光輝的歷史道路。

　　香港在前代是香市貿易的港口，萬曆時郭棐著的《粵大記》書上海圖出現「香港」的名字。元代東莞的白木香價值和銀相等，莞香每年輸出的貿易額值銀錠數萬兩以上。白木香亦名香仔樹，種植可追溯到元代，所以香仔樹的由來也許不始於明。有人說香港原來只是一個漁村，是不符合事實的。

　　記得段成式的《酉陽雜俎》續集有一條記載，說道：「東官郡，漢順帝時屬南海，西接高涼郡，漢以其地為司諫都尉，東有蕪地，西鄰大海，有長洲。」

　　這裏司諫可能是司監的音誤，而司監則又為司鹽之形誤。「順帝時屬南海」一句乃是根據《南越志》的記載：漢時番禺有鹽官，三國吳因之有司鹽都尉之設。金兆豐《校補三國疆域志》云：「番禺下有寶安城，本東官鹽場，吳甘露二年置司鹽都尉於此。」《太平寰宇記》卷一五七之「東官故城」引《郡國志》「東官郡蕪城即吳時司鹽都尉壘」，這即是《酉陽雜俎》東官郡蕪城的來歷。港九在地理沿革上東晉時原隸東官郡（寶安縣），段成式這條記載和早

期香港不無關係。近時長沙走馬樓出土大量吳時簡冊，東官亦屬吳，希望其中在將來整理之後，能夠發現一些有關的材料。

孫吳以前，港九可能受番禺管轄，李鄭屋村東漢墓出土磚又有「大吉番禺」的銘記可以為證。吳司鹽都尉轄地必甚廣，後來官富鹽場即其一部分。北宋《元豐九域志》記東莞縣有靜康、大寧、東莞三鹽場。《宋會要輯稿》載，東莞場三萬一千二百四十八石，疊福場一萬五千石。[1] 隆興二年，提舉廣東茶鹽司言及「官富場」之名且云：「官富場撥附疊福場。」今大鵬城附近猶保存有疊福地名。官富場即九龍地，宋端宗景炎元年南來，十二月在甲子門，翌年四月次官富場。[2] 稍前些時候，本港考古發現度宗十年咸淳甲戌，古汴嚴益彰充任官富場鹽官時，倡建之天妃大廟宇北佛堂門。今尚有摩崖石刻，斑斑可考。

港地最古老的石雕要算青山寺滴水岩南漢時的杯渡禪師石像。此為南漢中宗乾和十二年，同知屯門鎮檢點防遏右靖海都巡簡陳延命工所刻。其後劉鋹大寶二年封屯門山為瑞應山。屯門山自唐以來為廣州航海所必經，又為軍事要地。《唐書‧兵志》云：「置嶺南節度兵守屯門鎮。」葡萄牙史家稱 TAMAO 即是屯門。明正德十一年，佛郎機（即葡萄牙）犯屯門，為汪鋐所敗。屯門的歷史地位在中外交通史上至為顯赫。

九龍的大埔墟元時名為大步海 [3]，自來為採珠勝地，南漢置媚川都於此。北宋王闢之《澠水燕談錄》稱：「劉鋹據嶺南，置兵八千人專以採珠為事。」故方信孺的《南海百詠》有「漭漭愁雲

---

[1] 《宋會要輯稿》，5182 頁。

[2] 《填海錄》。

[3] 《元史‧張珪傳》。

弔媚川，蚌胎光彩夜連天」之句。元泰定元年，張惟寅上書言採珠不便，遂罷採珠之蜑戶為民。據《元史》所記：「廣州東莞縣大步海及惠州珠池，始自大德元年，分蜑戶七百餘家，官給之糧，三年一採。」這是元代採珠的實況。

大灣牙璋的出土為香港考古一大事。一九九二年法國遠東學院重獲返河內舉辦九十周年學術會議。院長汪德邁君要我參加，作第一個學術報告，我趁機會談到香港出土牙璋和越南的牙璋應該有某種關係，由鄧聰提供實物圖片資料，由此取得越南考古界的合作，得於前年在香港舉行大型的有關全國牙璋的討論會，引出全面性研究，了解這一器物製作的廣泛分佈，遠及南中國海邊裔地區，打破以往在封閉狀況下視為各自割據的獨立文化的誤解，意義非常重大。神木、三星堆的牙璋，發軔於夏殷之世，淵源殊遠，具見漢文化在周、秦以前與南海、交阯已有密切之交往為不可否認的事實。

我以前在印度旅行，眼見有段、有肩石斧在印度東部 ASSAM 及 BENGAL 山區的廣泛分佈，而在 GUJARAT（胡荼辣）的 RANGPUR 地方出土陶文與吳城廣東華僑新村及百越地區的相同現象，至堪注意。漢籍所記之滇越，《大宛傳》稱之為乘象國。其地亦作僄越，即《南中八郡志》京永昌郡的剽國。《華陽國志》記永昌郡有鳩僚、僄越、裸濮、身毒之民。知印度人久已入居雲南，而百越之民亦遠征及於緬甸、阿薩蜜各地。蜀布亦即越布與廣藤之竹杖自蜀邛地輸入大夏（任乃強說），知東印度亦古蜀賈人拓殖所至。此類陶文記號，我認為即百越人民隨其肩斧、段斧遠道傳播至印，此一假說，仍有待雙方考古家進一步之證實。

香港是古代百越地區濱海一港口，英國人未來之前自有經

濟價值，鹽業、採珠、香市、陶瓷業都有重要地位，明代窯址之
發現，證明大量生產，具見詳細發掘報告。考古工作多年來在香
港地區有不少收獲，眾所共悉。回歸以後，有許多問題需要合作
探討，尤以滇越人種問題海外擴散和交流的實際情況亟待展開研
究。朱啟新先生來書叮囑為《中國文物報》慶祝回歸寫幾句話，
為破除過去的隔閡，促進今後的關係，不揣固陋，略陳所見，以
待賢者的匡正。

1997 年 5 月於香港

李鄭屋村古墓磚文考釋

　　九龍李鄭屋村古墓磚文，除龍形、魚形之圖紋外，其餘文字約有三類：

　　（一）記墓葬所在地縣名及吉祥語，「大吉番禺」、「番禺大治」是。

　　（二）造磚者題名，「葆师」，在拱門左側及左室，僅二見。

　　（三）墓磚記數，「六十五」在中室屋頂有一磚，側刻「六十五」三字，挲書，疑是造磚時偶記數字。

一、記墓葬所在地縣名及吉祥語

　　「大吉番禺」及「番禺大治」兩頭磚文，墓中屢見。廣州秦墓所出漆盒上書「蕃禺」二字，番字從艸，而此則否。「大治暦」三字在「番禺」之下，中間以花紋；以「番禺大吉」為例，「大治暦」三字亦是吉祥語也。古器古磚所見吉語，如「大治暦」三字語例者，略舉如次：

　　大富昌（宜侯王）（漢撲滿文，見《金泥石屑》卷下，2頁）

　　大吉利（漢陶灶範）

　　大毋傷（漢銅鏡）

（宜牛犢）大利吉（鈐，見《貞松堂集古遺文》卷十五，18 頁）

大富貴（勺，見《奇觚室金文述》卷十一，16 頁）

大吉年　大吉羊（例多不舉）

可見「大治曆」三字應與「大吉利」等相類，曆字即曆之省體，《劉曜碑》云「曆三縣令」，曆義為歷。又《蔡湛碑》「麻世卿尹」，則以麻為歷。漢碑曆與麻並借作歷，三字通用。《說文》厂部：「麻，治也。」又秝部：「秝，稀疏適秝也，讀若歷。」麻本訓治，則治曆二字乃同義讕辭也。古「治」與「乂」、「艾」亦通。《爾雅・釋詁》及《周書・諡法》：「乂，治也。」《封禪書》「天下乂安」一作「艾安」。古成語有「艾歷」、「裔歷」一詞：

艾歷。《爾雅・釋詁》一：「艾歷，覛胥，相也。」

裔歷。《方言》十三：「裔歷，相也。」

按：相亦訓治，《小爾雅》：「相，治也。」艾亦訓歷，《爾雅・釋詁》：「艾，歷也。」是「艾歷」訓相，義亦即「治」。磚文之「治曆」與「艾歷」、「裔歷」，可能是同語異文，俱古聯綿字，為漢代之成語。由此言之，磚文言「番禺大治」，即謂番禺一地大艾歷，「艾歷」，「相」也，「相」又訓「治」，則「番禺大艾歷」猶言「番禺大治」是矣。

《水經・浪水注》：「浪水東別逕番禺，《山海經》謂之賁禺者也。交州治中合浦。姚文式問云：何以名為番禺？答曰：南海郡昔治在今州城中，與番禺縣連接……聞此縣人，名之為番山。縣名番禺，倘謂番山之禺也。」如姚說，番禺乃以番山得名。秦墓漆盒字作蕃，從艸首。

至磚文上番禺一地名，亦大有研究價值。九龍原屬寶安，寶安置縣，蓋始於東晉咸和六年。在未置寶安之前，其地屬於何

縣，向有屬南海縣 [1]、屬博羅縣 [2]、屬番禺縣。[3]《漢書·地理志》番禺有鹽官，三國吳時有司鹽都尉之設。故陳伯陶《東莞縣志·沿革》謂，漢時番禺鹽官即設於今之莞地，云「漢屬番禺」，亦自有據。自番禺鹽官論之，九龍一帶，漢時可屬番禺。今觀李鄭屋村古墓磚不稱寶安，不稱東官，而云「番禺大治」、「大吉番禺」，可推知自晉以前，其地實屬番禺所轄，則三說之中，以屬番禺為是。

二、造磚匠題名薛師

墓磚見此兩字者，共二片，一在拱門左側，一在左室。第一字作薜，與漢《平輿令薛君碑》「酒侯于薛」形略近。《說文》薛篆作䕸，從辛，辥聲。漢碑惟《薛劉二君斷碑》作薛，他多隸變作從卄從自從辛。[4]《群經正字》云：「平輿令薛君碑從阝，故經典亦時有作此。」今李鄭屋村墓磚，亦從阝，形正相同，所異者惟辛字作亲耳。考漢隸及六朝碑從辛與從未相同，舉例如下：

新作　靯（見《魯峻碑》陰）「南陽野」

新　（見魏《皇甫墓誌》）

薪作　薪（見魏《溫泉頌》）

辛作　亲（見《弔比干文》）

---

[1]《太平寰宇記》引《南越志》。

[2]《元和郡縣志》三十五、《嘉慶一統志》、《新安縣志》、道光《廣東通志·沿革》、《廣州志·古跡》皆同。

[3] 明代《東莞志》、《明一統志·東莞縣》，《方輿紀要》一百一，洪孫《補梁疆域志》三說。

[4]《繁陽令陽君碑》陰薛字如此。

故知此字，右旁即從辛，特寫作「辛」。考地皇二年《新莽候鉦》，所見「新」字作「靳」[1]，偏旁正合。綜上論之，此萊字即「薛」，可以無誤。

第二字作師，即師字。漢《衡方碑》「處六師之口」，師作師，《武榮碑》「外口師旅」，字作師。孟郁《修堯廟碑》（桓帝永康元年）作師，《成陽靈臺碑》（靈帝建寧五年）同。武梁祠畫像作師（據《漢隸字原》）。顧藹吉《隸辨》云：「碑變自作阝，阝乃自之異文。」此不從自而從阝，與上舉諸漢碑同。

由兩字形體，可審為漢隸，對古墓年代之確定，亦大有裨益。師之作師，習見於東漢碑刻，以此知李鄭屋村當為東漢墓，可從墓磚字體，得一有力佐證。

薛、師二字當是造磚者題其姓及職名。廣州西村大刀山晉墓永嘉六年磚，左側每見「陳仁」篆書二字，孫詒讓《溫州古甓記》載建元、永和、升平磚，均有「陳氏」二字，皆識造磚工匠名氏。惟此磚稱薛師，師則為職名，如漢代銅器，陽嘉三年扶侯鐘云「雷師作」[2]，又「都尉師」勾兵[3] 並其例證。「薛師」即工師之薛姓者也。

李鄭屋村古墓發見至今多年，其拱門左室磚文，向為人所忽略，而「薛師」兩字，尤為字體斷代關鍵性之所在。此一問題，予曩於香港大會堂考古學會演講，曾發其端倪。1965 年，在日本大阪大學史學會，亦曾作一專題演講，茲撮其要，草成是篇。

原載《選堂集林·史林》下，中華書局香港分局，1982

---

[1] 見《漢隸字原》。

[2] 《小校經閣金文卷》卷十二，14 頁。

[3] 《小校經閣》卷十四，6 頁。

李鄭屋村古墓磚文拓本

由磚文談東漢三國的「番禺」

前言

　　李鄭屋村東漢墓的發現，為香港的前代史添一異彩。從墓制的結構，證明年代應屬於東漢，毫無疑問。我後來在拱門及左室看出「薛師」的「師」字，與桓帝永康元年的《修堯廟碑》和靈帝建寧五年的《咸陽靈基碑》相同。勘合漢碑字體，認為應確定是東漢晚期，亦得到大家的認可。但可惜碑文沒有明確的年代可供研究。

一、廣東地區出土磚文的東漢年代與士氏家族

　　頻年以來，廣東地區，頗有漢墓面世。其碑文明記東漢年號的計有下列各地：

所記年號	發現地點	主要內容
明帝永平十年（67）正月	增城石灘圍嶺	
和帝永元五年（93）十五年（103）	番禺屏山二村	出現「番禺都亭長陳誦」刻字磚，磚文記有「番禺」二字的共有四件

（續上表）

所記年號	發現地點	主要內容
和帝永元九年（97）	廣州內環路	碑文記「永元九年甘溪造萬歲富昌」
靈帝熹平四年（175）	深圳新安鎮鐵仔山	發現「熹平四年」紀年磚三件
三國吳嘉禾五年（236）	廣州西湖路	出土吳錢「大泉五百」（錢幣鑄文）

　　值得注意的特別是深圳新安鎮的熹平四年紀年磚。因交廣地區在東漢末至孫權黃武五年（226）士燮未死以前，由於士氏這一家族的控制管理，故有一段長時間的安定，許多士人避難來依附他，以百數計。胡人的僧徒和商賈寓居者尤眾。

　　士燮的父親士賜，在桓帝中平初出任日南太守。後來士燮由巫令出任交阯太守。兄弟一門分主交州各郡。交州刺史朱符為夷所殺，州郡擾亂，燮乃表其弟士壹領合浦太守，次弟徐聞令士䵋領九真太守，另一弟領南海太守。是時南海郡即設治於番禺。南宋紹熙刊本《三國志・吳書・士燮傳》記：「燮兄弟並為列郡，雄長一州，偏在萬里，威尊無上……車騎滿道，胡人夾轂焚燒香者常有數十……當時貴重，震服百蠻，尉他不足逾也。」武先病沒，其後漢賜璽書，以燮為綏南中郎將，董督南海、蒼梧、鬱林、合浦、交阯、九真、日南七郡。及孫權勢力膨脹，建安十五年，權遣步騭為交州刺史。建安末年，燮遣子廞入質，權以為武昌太守。封燮為龍編侯。「燮每遣使詣權，致雜香細葛，輒以千數，明珠、大貝、流（琉）離、翡翠、瑇瑁、犀、象之珍，奇物異果，

蕉、邪（椰）、龍眼之屬，無歲不至。壹時貢馬凡數百匹……燮
在郡四十餘歲，黃武五年，年九十卒。」

在士氏控制整個交阯（士燮蓋以靈帝中平時為交阯太守）的
時期，從靈帝以後歷獻帝建安，迄孫權黃武，四十餘載，南服寧
靖，貢品累累。番禺作為南海治所，李鄭屋村墓有「大吉番禺」
等磚文，當時港九深圳同屬番禺轄境，為士賜、士燮父子勢力膨
脹的時期；或當燮弟武為南海太守時候。當時胡僧如康僧會、安
世高等人都在交州譯經，士燮治《左氏春秋》，劉熙、薛綜……
諸名士，亦避難居此，是「番禺」的全盛時期。程秉先事鄭玄，
避亂交州，與劉熙考論大義，博通五經，士燮命為長史。[1]

士燮卒後，以校尉陳時代燮，呂岱表分海南三郡為交州，以
戴良為刺史，海東四郡為廣州，岱自為刺史。平除士氏一族，岱
進封番禺侯，除廣州復為交州如故。

按：廣州之設置，自呂岱，旋即罷改，復為交州。至孫休永
安七年七月復分交州，置廣州。[2]

二、番禺鹽官與南頭司鹽都尉壘

《漢書・地理志》南海郡番禺條下云「有鹽官」，《文獻通考》
記武帝元封元年置鹽官二十八郡，其一為南海的番禺。是西漢時
已有司鹽之官，吳因之有司鹽都尉之設，至宋有官富場大使，蠹

[1] 《三國志・吳書・程秉傳》。
[2] 《三國志・吳書・孫休傳》。

年拙作論南宋以前官富場之地理沿革已評論之，可以參看。[1]

「司鹽」二字，舊書每誤作司鹽，余曾引用唐段成式《酉陽雜俎》續集之最末第二條有關的有趣史料，其文如下：

> 東官郡，漢順帝時屬南海，西接高涼郡。又以其地為「司諫都尉」。東有蕪地，西鄰大海。有長洲，多桃枝竹，緣岸而生。

按：司諫二字，乃司監之誤，可謂一誤再誤，方潤生本未能校出，茲附正之。段氏書有方潤生校本，此條列第 877 號（中華書局本）。[2] 所言長洲或即今日香港之長洲，亦未可確知。「蕪地」一名，據《太平寰宇記》所引《郡國志》應作「蕪城」；《津逮祕書》本作「蕪地」。

《太平寰宇記》說東莞縣「甘露元年吳置司鹽都尉」，余再核南宋紹熙刊本《三國志・吳書・孫皓傳》，甘露元年四月蔣陵言甘露降，於是改年，大赦，翌年為寶鼎元年，均不載此事。惟《孫權傳》言赤烏五年三月海鹽縣黃龍見。孫休永安七年秋七月，海賊破海鹽，殺司鹽校尉駱秀。南宋紹熙刊本《三國志・吳書・孫休傳》作「司鹽校尉」乃治海鹽，無東莞置司鹽都尉一事。此事不見於《吳書》，余考其出處，乃見於《宋書・州郡志》，原文云：

> 東官太守，何志：故司監都尉，晉成帝立為郡。

---

[1] 見本書《九龍與宋季史料》，58—65 頁。
[2] 另請參考本書《香港考古話由來》，198—201 頁。

　　洪亮吉《東晉疆域志》逕從《寰宇記》改作「司鹽」。何志指何承天所作《宋書》。《郡國志》云：「東官郡有蕪城，即吳時司鹽都尉壘。」[1] 只此一見。至於吳設城壘一事，只見於《太平寰宇記》東官郡故城條引。

　　1985 年 8 月深圳市博物館人員勘查南頭城東南面山崗發現兩座明墓，由於唐宋時稱該地曰城子崗，其名稱一直沿用至明代，故推斷今南頭古城，必與晉司鹽都尉有密切的關係。這只是一種「推斷」，《寰宇記》所引增一「壘」字，《酉陽雜俎》稱作蕪地，不作「蕪城」，「地」字可能是蕪「城」之訛。[2]

　　吳確有司鹽都尉，由《宋書 · 州郡志》記南沙令下云，「本吳司鹽都尉署……晉成帝咸康七年，罷鹽署，立以為南沙縣」。此記吳時改都尉署在南沙。吳時確有司鹽都尉，但其設治不在孫皓甘露元年。[3]

三、深圳南頭紅花園「乘法口訣」磚墓主身份之忖測

　　1981 年深圳文化局在南頭紅花園漢墓 M3 出土墓磚有乘法口訣，在全國是首次發現，具見當日的人文發達的景況。墓磚又有九宮圖紋及干支字，必有另一文化意義。

---

[1]　卷一五七。
[2]　見《香港考古話由來》。
[3]　南沙令條，參閱拙著《九龍與宋季史料》。另可參考彭全民《吳、晉「司鹽都尉」考》；中山大學嶺南考古研究中心編，《嶺南考古研究》（4）；香港考古學會出版，2004 年，214—216 頁。

　　考《吳志‧趙達傳》記達從漢侍中單甫受學，謂東南有王者氣，故脫身渡江，治九宮一算之術，究其微旨，是以能應機立成，對問如神。他甚得孫權的信任，行師征伐，每令達有所推步，皆如其言，他最應驗的推步，有二事可記。一為孫權即尊號，達推言漢高祖建元十三年，權倍之。權自黃龍元年至太元二年恰為二十四象[1]。一是權令推算曹吳國運，他答云「吳衰庚子歲，屈指計之曰五十八年」。吳亡於孫皓天紀四年庚子，自黃武三年至是年恰為五十七年，[2] 如是應驗。達又推算，自知死期。趙達之學，得自單甫，可惜其說不傳。

　　深圳此墓出土磚紋有「米」形大團案，即九宮之象，代表中央八方的「九天」（圖一），合以磚文又有「未」、「己」等干支字，合以乘法口訣（圖二），很可能是一種九宮算一之術。該墓之主必通曉趙達之術，當然，這只是一種揣測。[3]

附論

　　士氏一族能夠在交州控制多年，主要是得到當日交州刺史步騭的支持，《三國‧吳書‧步騭傳》云：

　　　　建安十五年，（騭）出領鄱陽太守。歲中，徙交州刺史、立武中郎將，領武射吏千人，便道南行。明年，追拜使持

---

[1] 事見《達傳》，裴注引《吳書》。

[2] 見《孫權傳》黃武三年，裴注引干寶《晉記》。

[3] 《深圳市南頭紅花園漢墓發掘簡報》，《文物》，1990 年第 11 期；深圳博物館編，《深圳考古發現與研究》，文物出版社，1994 年，第 95—103 頁。

節、征南中郎將。劉表所置蒼梧太守吳巨，陰懷異心，外附
內違。 降意懷誘，請與相見，因斬狗之，威聲大震。士燮
兄弟相率，供命南土之賓，自此始也。益州大姓雍闓等殺蜀
所署太守正昂，與燮相聞，求欲內附。騭因承制遣使宣恩撫
納，由是加拜平戎將軍，封廣信侯。

由於士燮曾官巫令，熟知蜀事，故得聯結益州雍闓，因其手
腕靈活，故得兄弟相率，與漢、吳相繼倚重，中原魏文帝（曹丕）
黃初二年亦向吳「求雀頭香、大貝、明珠、象牙、犀角、瑇瑁、
孔雀、翡翠等珍玩」。[1]翌年改元黃武。時士燮正盛，每歲進貢品
於吳，維持南北的良好關係，皆士燮之功。

孫權徙虞翻於交州，雖處罪放而講學不倦，門徒常數百人。
本傳云：「在南十餘年，年七十年。」翻卒於赤烏二年，後於士燮
之卒約十三年，其南貶當在黃武初，時士燮勢正盛，「樓玄曾到廣
州密步虞翻故宅，徘徊躑躅，哀喉慘愴，不能自勝。」[2]翻故宅即
今廣州光孝寺。翻在番禺，必受到士燮暗中照顧。

漢季交廣文化情況，注《兩京賦》之薛綜有詳確敍述。綜少依
族人避地交州，從劉熙學[3]，又從呂岱同征士氏，越海南征，遠至
九真。

薛綜在士燮時代，任五官中郎，除合浦太守。熟悉交州情況。
及呂岱率師討士氏，綜與行，越海南征至九真。呂岱從交州他調，
綜上疏詳陳交土沿革及人情風俗，不愧為當時實際調查報告。文

[1] 《三國志‧吳志‧孫權傳》黃初二年，裴注引《江表傳》。
[2] 《太平御覽》卷一八〇引《樓承先別傳》。
[3] 劉熙在粵之事，略見《三國志‧蜀書‧許慈傳》。

中譏日南郡男女倮體不以為羞,而說到「貴致遠珍,名珠、香藥、象牙、犀角、玳瑁、珊瑚、鸚鵡、翡翠、孔雀,奇物充備」。乃士氏之變以前,最重要的一篇地方實錄,極有史料價值。文長,今不備錄。

從靈帝晚期至吳黃武五年,交州是士氏家族控制的全盛時代,作為南海郡治的番禺,是名臣謫官之所,又為避地要區,貢品不斷。李鄭屋村墓正屬這一期間,當時人文薈萃情況可想而知。

吳置司鹽都尉,蜀漢亦設鹽官。《蜀志·王連傳》云:「連為什邡令,轉在廣都,所居有績。遷司鹽校尉,較鹽鐵之利,利入甚多。」吳濱海之地曬鹽,蜀則有鹽井之利,吳蜀皆資鹽賦。

《續漢郡國補注》引王範《交廣春秋》云:「交州治嬴陵縣,(漢)元封五年移治蒼梧廣信縣。建安十五年治番禺縣。詔書以州邊遠,使持節併七郡,皆授鼓吹,以重威鎮。」此即漢朝詔士燮為綏南中郎將,董督七郡之事。《宋書·州郡志》稱十六年徙治番禺。所記相差一年。此事機關重要,知建安十五(十六)年番禺在士燮拜綏南、督七郡時,且升級為交州治所,不止為南海郡治。士燮必移地駐驛於番禺,可以控制七郡全局,其地位更高。觀其在交州對許靖之厚加敬重,一時播為美談,《蜀志》載陳國袁徽與尚書令荀彧書,於士燮學行之推重,可以概見。《士燮傳》又載此書,稱其「學問優博,又達於從政,處大亂之中,保全一郡,二十餘年,疆場無事,民不失業,羈旅之徒,皆蒙其慶。雖竇融保河西,曷以加之」。所言自是實錄。建安中,番禺因士燮且一度成為交州治所。九龍東漢墓時屬於番禺,正值南中,處安謐繁榮

狀態，當時之人文景觀，有極高度文化，可想而知。頃者《李鄭屋墓》一書重印，因為推論當日士氏一族與番禺地區之關係，想亦治史者所樂聞也。

二零零五年四月

（鄭煒明博士整理）

圖一　深圳紅花園漢墓 M3 發
現的「米」形圖案墓磚拓本

圖二　深圳紅花園漢墓 M3 發現的乘法
口訣墓磚拓本

附錄　本書篇章版本

（一）九龍與宋季史料

選堂叢書之六，香港：萬有圖書公司，1959 年 11 月初版。

收入《饒宗頤二十世紀學術文集》（卷六・史學），臺北：新文豐出版公司，2003 年，第 1129—1318 頁。

（二）硇洲非大嶼山續辨

簡又文主編：《宋皇臺紀念集》卷三，香港：香港趙族宗親總會，1960 年 3 月，第 200—206 頁。改定稿見《九龍與宋季史料》。

（三）九龍與宋季史料補遺

《香港大學中文學會年刊》，香港：香港大學中文學會，1960 年 11 月，第 1—14 頁。

（四）李鄭屋村古墓磚文考釋

「中央研究院歷史語言研究所集刊」（第 39 本上冊）《慶祝李方桂六十五歲論文集》，臺北：中央研究院歷史語言研究所，1969 年 1 月，第 41—44 頁。

收入《選堂集林・史林》（下冊），香港：中華書局香港分局，1982 年 1 月，第 1067—1074 頁；《饒宗頤史學論著選》。

（五）港、九前代考古雜錄

《新亞學術集刊》（第 4 期，中國藝術專號），香港：香港中文大學新亞書院，1983 年，第 165—184 頁。

又見《嶺南文史》（總第 6 期），廣州：廣東省文史研究會，1985 年，第 39—51 頁。

收入《饒宗頤史學論著選》，上海：上海古籍出版社，1993 年，第 769—801 頁；《饒宗頤二十世紀學術文集》（卷六・史學・下冊），臺北：新文豐出版公司，2003 年，第 1287—1318 頁。